在心灵最深处遇见哲学

The Deepest Human Life

[美] 斯科特·塞缪尔森 著

新华出版社

图书在版编目（CIP）数据

在心灵最深处遇见哲学 / (美) 斯科特・塞缪尔森著; 王伟译.
-- 北京 : 新华出版社, 2018.9
书名原文: The Deepest Human Life: An Introduction to Philosophy for Everyone
ISBN 978-7-5166-4295-5

Ⅰ. ①在… Ⅱ. ①斯… ②王… Ⅲ. ①哲学－通俗读物 Ⅳ. ①B-49

中国版本图书馆CIP数据核字(2018)第185963号

著作权合同登记号：01-2016-7472

在心灵最深处遇见哲学
［美］斯科特・塞缪尔森 著　　王伟 译

责任编辑： 王金英　　**封面设计：** 刘宝龙

出版发行： 新华出版社
地　　址： 北京石景山区京原路8号　**邮　　编：** 100040
网　　址： http://www.xinhuapub.com
经　　销： 新华书店、新华出版社天猫旗舰店、京东旗舰店及各大网店
购书热线： 010－63077122　**中国新闻书店购书热线：** 010－63072012

照　　排： 臻美书装
印　　刷： 三河市君旺印务有限公司

成品尺寸： 148mm×210mm 1/32
印　　张： 8.5　**字　　数：** 165千字
版　　次： 2019年5月第一版　**印　　次：** 2019年5月第一次印刷

书　　号： ISBN 978-7-5166-4295-5
定　　价： 48.00元

最深刻的人生无处不在，恒久如常。

——威廉·詹姆斯

序曲——光污染和星星

夜空浩渺，群星璀璨，我们时常躺在木筏上看星星，讨论它们是被创造出来的，还是碰巧形成的。吉姆认为星星是被创造出来的，但我却认为星星是碰巧形成的。我觉得如果要创造那么多星星，那得花很长很长的时间。吉姆说或许是月亮生的，这个说法似乎有点道理，我就不再反驳他了，因为我曾见过青蛙一次就能产好多卵，所以月亮当然也能生出那么多的星星来。我们也经常看到流星，看着它们一闪而过。吉姆认为它们是变坏了，才被赶出了自己的安乐窝。

——马克·吐温

在我们的城市中，由于光污染的阻隔，越来越多的人看不清夜空。有些人甚至多年都不曾抬头凝望过月亮或星星。这种情形其实也是全人类共同面临的状况。15 世纪，印度的神秘主义者、诗人卡比尔（Kabir）说过这样一句话：“他们在各种主义中挥霍生命。”他是在思考那个时代为数不多的宗教传统后得出的结论，但对于我们这个时代的各种宗教、政治派系、灵性追求、市场制造出的需求，甚至是哲学系里构建的各种理论，卡比尔的理念更加适用，引人深思。上述信仰的火花，从好的方面看，能够引领我们，使我们终身受益。但当它们积重难返时，就如同光污染一般。自认为拥有知识或许是真理最坏的敌人。信仰与理论，以及与之相伴的身份认同，就如同政治一样，不可或缺，令人着迷。从真实的哲学角度看，这些信仰、理论和认同，有时像旅途中的艰难险阻，有时又是一个个完美的起点和终点。在途中，我们会偶尔陷入黑暗，但抬头仰望时，发现光明就在我们上方。

我所要讲述的故事就如同威廉·詹姆斯（William James）的名句一样——“最深刻的人生无处不在”。有意义的人生坐标——我将其比作星星——为我们每个人提供参照，答疑解惑。伟大哲学家提出的问题、讲述的故事和做出的劝告，不同于天国里终日游荡的天使们的高谈阔论。即使是最伟大的哲学家，也过着凡人的生活，对我们说的都是生活感悟、日常琐事、小病小疡、快乐悲伤，偶尔还会遇到变故。如同你我凡人，他们没有翅膀，而是脚踏实地。

我写这本书的目的就是把哲学从虚无缥缈的理论带回人间，因为它原本就属于人间。事实上，人人都能读懂这本书里的哲学道理——不管你是摔跤选手、按摩师、幼儿音乐教师、殡仪员、士兵、母亲、厨师、离异的女士，抑或是《哈克贝利·费恩历险记》中哈克和吉姆这两位小朋友——简言之，本书的读者就是你我这样的凡人。

*

16 岁那年，我偶尔读到托马斯·阿奎那（Thomas Aquinas）的著作，他论述了五种证明上帝存在的方法。我端坐在爱荷华市立图书馆，阅读他那篇论证严密、充满激情的文章，两种思绪萦绕心头，挥之不去：第一，证明“上帝存在”这个想法是迄今为止人类做过的最伟大的事情；第二，我不再信仰上帝了。这并不是因为我读懂了阿奎那的论述，我对他的论述其实不甚理解。但我非逻辑地、错误地、兴奋地相信——试图证明上帝存在，表明了我们能够创造上帝。尽管青春期充满不确定性，但我始终相信，托马斯·阿奎那的论证标志着人类成就的高峰。我也想像他一样。在柏拉图《理想国》的开篇，苏格拉底邀请他的对话者一起合作建立一座城市，以此诱使他们广泛讨论正义这一话题。托马斯·阿奎那却背离了他的初衷，诱使我思考宇宙的形成。尽管之前我连一页哲学书都没读过，我甚至不理解所阅读的内容，但是，我立志成为一名哲学家。

10 年后，我即将从埃默里大学毕业，获得哲学博士学位。按照常规，我的发展路径将是这样的：进入一个有声誉的机构全职工作，修改博士论文并付梓出版，理清自己的研究方向，发表论文和评论文章，然后溜须拍马谋得终身职位。然而，某种宿命（当时我并不这么认为）阻止了我走上这条道路。尽管我已经证明自己能够在哲学领域撰写论文、发表文章，但面对学术研究工作的狭隘和谋求终身职位的官僚习气，我选择了离经叛道。更重要的是，我研究哲学的目的不是为了成为学者，尽管学者的奖金丰厚、衣食无忧。

母亲从爱荷华给我打电话，说她从当地的分类广告中看到柯克伍德社区学院招聘一名全职哲学教师，对我来说，这是个取得健康保险的好机会。对于哲学家而言，“辛苦劳作以谋膏粱”这句话尤其让人心酸。锡诺普的第欧根尼就是我们这一行当的先行者，他曾经向雕像讨钱。当被问及缘由时，他答道，“是为了磨炼意志，面对拒绝，从容应对。”但是，他和我的情况不同。第欧根尼没有身怀六甲的妻子。我和妻子也都不愿像他一样住在木桶里，并且在外面如厕。

又过了 10 年，我妻子和两个孩子在楼上熟睡，而我则独自一人置身于“黑暗森林”（Selva Oscura，这个词出自但丁的《神曲》，对于像我这样不懂意大利语的人而言，这个词乍看或许会被误读为“晦涩自我”）。我凝视着炉膛里的火焰，思考着自己的命运：我常常鼓励学生积极思考命运，而我自己却在极力回避探讨这个话题。当天晚上的晚宴上，有人冒失地问我：“你遵从你的命运了吗？”他能提出这个粗鲁的问题，有一部分责任在我。当时，我研读了《摩诃婆罗多》——这是一部古印度时期的宏大的梵语史诗（篇幅差不多有《圣经》的三倍），讲述了般度族和俱卢族手足相残的故事，这让我提起了命运这一话题。抽象地讨论命运或许很枯燥，也可能很有趣。但是，当有人问你是否遵从命运、完成使命之时，就好像被神箭手一箭穿心，切中要害。我支支吾吾地兜圈子，正如一个受过哲学训练的人那样，顾左右而言他。但是此刻，在炉火旁，我所面对的只有自己。

一开始，我闷闷不乐的原因是，以我的才能我本可以取得更大的成就。尽管我喜欢在社区学院教书，但是，那毕竟只是一所社区学院。在名校任教的朋友，我的家人，甚至我的学生，都话里话外地催促我在学术领域更上一层楼，而我的人生压根儿就没走这条路。我的黑暗思想徘徊着（也许这个动词用得不好），想起了史诗《摩诃婆罗多》中的一个故事，正是因为我在晚宴会上讲了这个故事，才引出了这个我很困惑的命运的问题。

*

一个叫独斫（Ekalavya）的年轻人，来自当时印度最被蔑视的一个贱民部落。独斫恳求伟大的上师德罗纳（Drona）收他为徒，教他箭法。尽管独斫天赋异禀，但是德罗纳却顾忌他寒酸的贱民身份会影响其他学生，轻蔑地拒绝了独斫的拜师请求。就这样，独斫离开了。他来到密林深处的僻静之处，雕刻了一尊小像，把它当作德罗纳，每日看自己练习射箭。

《薄伽梵歌》（收录于《摩诃婆罗多》）中有一个名为阿周那（Arjuna）的英雄，跟随德罗纳练习箭法。有一天阿周那外出打猎。他的狗钻入密林，冲着这位贱民弓箭手狂吠，这可惹恼了独斫。他娴熟地射出一连串箭，箭枝没有伤到狗，但立刻就把狗嘴堵住了。

狗跑回去找主人，阿周那看到狗嘴被堵住了，心生敬畏。他回去冲着德罗纳愠怒地发牢骚：“您告诉我您会让我成为世上最伟大的弓箭手。”“我的确做到了，”德罗纳答道。阿周那沮丧地指着他的狗，嘴里塞满弓箭，显然此人的箭法比自己高明得多。

德罗纳和阿周那返回森林一探究竟。他们惊讶地发现，弓箭手独自一人守着上师的雕像练箭。

德罗纳走上前去问道：“我是你的老师吗？”

弓箭手见到上师本人非常激动，深鞠一躬，然后答道：“您当然是我的老师。”

按照当时的印度习俗，学生学成之后，老师才能收取学费，但只要是他们认为适当的，什么都可以要。因此，德罗纳说：“你的本领表明你已经学成毕业，我现在要收取学费。”

独斫倍感荣幸，说道：“老师，您要什么都行。”

德罗纳回应：“我要你的右手拇指。”

独斫拿出刀子，毫不犹豫地砍下右手拇指，送给老师。德罗纳对阿周那说：“现在你就是世上最伟大的弓箭手了。”

独斫的故事告诉我们什么道理呢？一位嫌贫爱富的老师；一位对老师言听计从的学生；以最经济的方式接受教育的可能性；阻碍这种教育方式的心理障碍；人类愚蠢地划分三六九等而酿成悲剧。这个故事似乎可以概括为两个清晰的意象：可能的我和真实的我。我选择教导独斫，但我内心仍抱着和德罗纳一样的偏见。

忽然，在我阴暗的内心深处，过去10年间的场景开始飞速闪现：当我钻研哲学时，废寝忘食，忘记了自己的存在——这时，哲学不再是一种职业行为，而是真正意义上的哲学：哲学就是探寻智慧，就是一种生活方式。我脑海中闪现着很多张面孔，他们是士兵、家庭主妇、管道工、护士、未来的教授、囚犯、环卫工、幼儿教师、癌症病人；还有不计其数的人，但我不知道他们现在或未来的职业；他们都是真实的人，年龄不同，学历不同，但都问过相同的问题——这些问题塑造了哲学。当我读了上帝存在的五条证据后，我也投身哲学。“绝对纯粹的专注等同于祷告”，如果西蒙娜·薇依（Simone Weil）的这句话是正确的，那么当我站在教室里简陋的地毯上讲课时，我面对的就是上帝了。繁星开始闪耀。

我以前读柏拉图对苏格拉底对话的描述，常哀叹我们这个时代读不懂他们的思想。在柏拉图的《申辩篇》（*Apology*）里，苏格拉底质疑雅典的有识之士，最后证明他是最聪明的人，因为至少他知道自己无知。现在，每当我读到这里，就会想起一名叫吉莲的学生。她是一名助理护士，尽管从未读过柏拉图的书，但却在自己工作的医院再现了这个苏格拉底的故事。当我阅读爱比克泰德（Epictetus）——公元一世纪雄辩的斯多葛学派的哲学家，我想到了20世纪的詹姆斯·斯托克代尔（James Stockdale）——尽管在越战中被俘，囚禁在战俘营，但他仍然保持乐观快乐，因为他记得菲利普·莱恩兰德尔教授在讲哲学课的善恶问题时介绍过爱比克泰德的思想。

在思考康德的道德哲学时，我会想起一位中年母亲曾眼含热泪问我，康德是否正确。每当我讲解一位哲学家的思想，我发现至少有一名学生的灵魂忠实地与哲学家共鸣。身为教师，我从学生身上学到，像柏拉图和康德这些人，绝不仅仅是各种复杂主义的源头而已。

对命运的典型的理解方式是，貌似偶然发生的事情其实背后暗含规律和理性。但命运其实更加诡异。炉火通红，我在命运的火光里回想人生。随意和理性似乎成了同义词，好似在同一现实之后艰难运转的两个词，明明是同一张脸，却有两张面孔。某些杂乱无章的内在模式会从我们身上倾泻而出，随着时间的推移，人生的沉浮，慢慢变得有理性。教室里，所有学生因为某种偶然的因素（或命运），坐在廉价金属讲台前面的摇摇晃晃的课桌旁，但如果你观察的角度恰到好处，你会发现他们仿佛经过有意的安排，形成了一个井然有序的星座。

*

本书所要讲述的是哲学生活的实践——一部分是我自己的旅程，但并非简单的回忆录，尽管我的确回忆了一些往事；主要是对我记忆的探索，这些记忆大多来自读书以及同伙伴们探讨关于精神的话题。我把某些伟大哲学家的故事和理念同我自己的、学生的以及朋友的生活联系起来。广义上，这是一本关于哲学历程的书，一开始是个人旅程，后来演变为人类文明旅程。本书章节安排遵循两条脉络——主题和历史。主题方面，本书章节围绕理性动物独有的四个问题展开——哲学是什么？幸福是什么？上帝是否可认知？善恶的本质是什么？历史方面，本书章节从一个山顶跨到另一个山顶，穿越世纪，从古至今，以其特有的方式探索了西方文明。我并未忽视伟大的宗教传统——宗教和哲学是紧密相连的。我希望证明，搜寻智慧之路隐藏着潜在的模式，尽管这种探索常把我们引入别处圣境。我倾向于认为，我们个体探索的轮廓都被粗略地记载于文明历史之中，而全部文明之旅则或多或少地编码隐匿于我们每个人身上。

尽管哲学有时需要炉火和独处，但哲学更常充分展现在与人的对话中。有人热衷探求真理，更多人则在找寻哲学的细枝末节，就如同盲人摸象的故事一样——当盲人遇上陌生的大象，每个人都只是感觉到大象的一部分而已。即使在那些昏昏欲睡的学生身上，我也发现哲学是真实存在的。面对这些悖论，即使我手执粉笔站在讲台上，也仍旧只是个哲学的学习者。

目录

contents

第三部分 上帝是否可认知？ / 109

第四部分 善恶的本质是什么？ / 183

第一部分

哲学是什么？

怎么样的——我找不到合适它的词——怎样的“不可能”。

——伊丽莎白·毕肖普

“我明白了，亲爱的泰阿泰德，”苏格拉底说，“当德奥多罗说你是一位哲学家时，他真正洞察了你的本质，因为哲学家总是充满疑惑，而哲学的起点就是疑惑。”塞缪尔·泰勒·柯勒律治为这个观点增添了些许诗意:“哲学始于疑惑,终于疑惑,中间全是赞美。”

“疑惑”是一个奇妙的字眼，暗示着困惑和敬畏。人们探索微小的神秘事件，例如为何木棍插入水中看起来像断了一样，为何邻居对上帝有不同的看法，为何你和别人能看到相同的颜色，为何人类总是争斗？这些问题把整个人生和人类文明搅得天翻地覆。我较为年长的学生经常这样评价哲学——语气中既有敬重又有鄙视，即哲学让他们想到他们的孩子总是不断地在问为什么。童年的疑惑可以协助文明的吸收和重塑，其作用绝对可以比肩亚里士多德和康德的严肃论著。

我认为，即使是我们最细微的知识困惑也源自更加根本的敬畏。这种基本的敬畏通常与“道德”“幸福”“恶”“美丽”“爱”这些意义丰富的词汇有关。我们忽然感到这些词的真正所指，然后不由自主想去理解它们。玛格丽特·尤瑟纳尔（Marguerite Yourcenar）写道，“总有一些灵魂令你相信灵魂存在”。同理，总有一些美丽的经历让你相信美丽的存在，总有一些邪恶的事件让你相信邪恶的存在，总有一些罕见的瞬间会让你相信幸福的真实存在。倘若不想让哲学沦为毫无意义的争吵，我们应当记住和寻找这些神圣的证据，这一点十分重要。

我们对于“万有”（everything）有着更深层次的敬畏——姑且这样称呼吧，实在找不到更合适的词。下面我用自己小时候初次感到的疑惑来解释一下。

那时我可能有十岁，去一个朋友家玩。朋友比我高两个年级，因此对追求女孩子颇为着迷。他提议我们把枕头想象成女孩儿练习接吻。我竟然真的把头埋在枕头里开始练习——后来这件事成了笑柄。我的头深陷在亚麻枕套的黑暗之中，幻想着班上某个女生的金色卷发和海蓝色的眼睛，我的意识莫名其妙地汹涌奔腾，陷入一种神秘的体验。那是一种比接吻更为奇特的感受，所有事物都充满极端的不确定性。万事万物为何存在？我为何出生在这个世界？我是谁？宇宙中何种神秘的伟力让我抱着枕头发出接吻的怪声？同理，太阳如此和煦地照耀我们，为何它竟是一团火球？为何其他人的头脑里也有和我相同的感受和困惑？为何会有陌生人？时间如何流逝？时间为何流逝？为什么我的另一个朋友会被超速的汽车撞到，像一个可怕的气球一样飞到空中，然后死去？我蒙着枕头，就好像穿越了某个虫洞来到创世前的领域一样。在那里，上帝正在冥思苦想要创造一个什么样的世界。

是的，我内心充满了困惑。即使我常年阅读哲学典籍，也只能借用伟大的形而上学家的字眼表达这个问题：为什么存在万事万物，而不是一片虚无？之所以会这样表达，是因为自命不凡的我在 17 岁时，读到了马丁·海德格尔（Martin Heidegger）的《形而上学导论》（*Introduction to Metaphysics*），发现自己内心深处的疑惑被如此冷静地详细阐明。但这次体验不仅仅涉及知识方面的困惑，那些问题像超自然的电流一样搅动着我的神经系统。我感觉，所有这些“为什么”和“如何”的问题都可以归纳为一个巨大的神圣的事物。我的直觉告诉我，过去三千年中的所有哲学困惑都包含在这样的经历体验中，就像历经五百代的橡树叶子紧紧封闭在一枚橡实之中，又如整个宇宙在三分钟的大爆炸中形成——如果物理学家是正确的话。

就在这时，我并不知道持续了多久或游戏为何结束——或许我只是需要喘口气。总而言之，我从枕头里抬起头来，发现自己仍然在朋友的卧室里。我认真地向朋友讲述我的经历——穿越时空，来到万物形成之初。跟我一样，朋友的肺也坚持不住了。我一直对他当时说的话心存感激。他的话使我后来走上了哲学研究之路。他满不在乎地耸了耸肩，说道：“哦，耶！我以前也有过这种感觉！”

1. 你的肖像——奥德修斯

两个尚在子宫里的胎儿正在讨论这个世界的状态，这似乎完美地印证我们对于世界的无知。在我看来，我们就像在柏拉图的洞穴中夸夸其谈的胚胎哲学家。

——托马斯·布朗爵士

“哲学是什么？”我读研究生时，唐纳德·利文斯顿博士曾问过我们这个问题。一阵鸦雀无声过后，这位南方老先生——身着布满褶皱的白色西装，胸前的口袋里露出一大片鲜亮的手绢，很是惹眼——用浑厚的南方口音若有所思地自言自语起来：“如果生物学家问‘什么是生物学’，他就已经脱离生物学范畴了；同样，没有任何数学公式能够解答‘什么是数学’这个问题。但是当我们哲学家思考我们到底在研究什么时，我们就是在研究哲学。”

我们还是从一个对大部分学生而言更棘手的问题开始吧：课堂参与是什么？由于害怕课堂冷场，我以前常常遵照惯例奖励学生“课堂参与分”——只有在课上提出问题和回答问题的学生才能得到这个分数。我在柯克伍德社区学院教哲学的第一年，班里有一位女士，年龄与我相仿，每节课都坐在教室最后一排的廉价课桌旁盯着我。尽管我的授课和课堂讨论差强人意，但她冷静甚至冷漠的目光从未离开。然而，即便我提出吸引人的问题，力图用目光压制她，她始终不参加课堂讨论。

或许她的外表已经清楚地表明她是靠体力吃饭的，我开始想象，猜测她在心烦意乱——“他以为自己是谁，也配给我讲人生？”或者“学校竟然雇他上课，简直不可思议！”有时我也自我安慰，或许她根本没想什么，她来上课只是例行公事，努力理解基础知识并通过考试，然后找个好工作。

我班上学生很多，每学期总计超过 125 人，倘若不在花名册上注上标记，我很难把每个人的名字和面孔对上号。直到把第一次作业发回给学生，才知道她叫蒂恩·福克曼，因为她写的论文最棒。尽管有不足之处，但却是唯一一篇细致入微的文章，引用并反思了课上根本没有提及的篇章，洋溢着真知灼见。这篇论文并非进入哲学领域的开端，它本身就是哲学。

除了推荐好书给学生这件最重要的事情，我不知道那个学期作为一名老师我对她能有多少帮助。我一开始误以为她来上课只是例行公事，事实上她像修道士一样沉默寡言。她记住了我讲的所有知识，然后重新研读了柏拉图、爱比克泰德、康德的著作，希望她的人生能够得到更多启发。她相信柏拉图、爱比克泰德、康德的著作大有裨益，这很幼稚，当然也很正确。她让我想起哲学的光明世界，就是托马斯·阿奎那那篇充满智慧的论述给我启迪时，我脑海中勾勒的哲学世界，尽管当时我一无所知。

要是我能留着她的论文就好了。如果是在今天，我已经是一名经验丰富的教师，我会把她拉到身边，请她聊聊自己的情况。尽管我很想亲耳听到她的声音，但或许我们这样间接地交谈也不错。我脑海中仍然记得她论文结尾的内容，我把它抄在日记里了。她这段孤独的个人记录深深打动了我，字里行间简直听得见她的声音：

> 我认识到，对知识的渴求让我暂时忘记工厂工人的角色。对于许多工友而言，拿到薪水就心满意足了。我也不能免俗，薪水也曾经可以让我满足。当然现在不同了。知识把我送上一段旅程，带我到达未曾想象的地方。很奇怪，哲学让我在工作中更加隐忍，与此同时，哲学也让我对工作更加难以忍受。我靠这句话熬过来：“未经审视的人生是不值得活的。”

这就是课堂参与。

*

我们经常把人类定义为“理性动物”——地球上唯一有能力理性思考的生物。蒙田（Michel de Montaigne）是文艺复兴时期的一位哲人，他曾讲过一个故事：一只狐狸小心翼翼地靠近冰封的河面，然后把耳朵贴近冰层——可能是因为如果能听到下面的流水声，就表明冰层太薄，踏上去会有危险。蒙田疑惑，狐狸难道不是在用推理演绎法吗？狐狸的三段论推理——如果我能听到水声，说明冰层很薄；我能听到水声；因此，冰层很薄——是否表明它也是“理性动物”？

我曾看到一只精力充沛的小猫名叫乔治亚娜。乔治亚娜发现它可以一直爬到某棵树的树顶。有一次，它追赶的松鼠恰恰就爬上了那棵树。松鼠爬到树顶，发现无路可逃。向后张望，看到猫咪正信心满满地迫近；松鼠转身望了望地面，大概有 30 或 40 英尺高；然后它又瞥了一眼乔治亚娜。在那一刹那，松鼠是否进行了理性思考？松鼠又快速地来回看了几次，绝望地纵身一跃，然后极不优雅地速降到了地面。松鼠难道不是在“盘算”怎么做才有更大的生存机会？那么松鼠是否也是一种理性动物呢？

好吧，故事里的狐狸和松鼠的行为可能都出自本能。即使蒙田和我都相信它们心中有所盘算，我们仍然能够把人类的理性和动物的盘算区分开来。亚里士多德把人类定义为“理性动物”，他认为理性远不止计算那么简单。人类的理性涉及我们本性中的一种奇特的循环。我们能够修正自我，重组价值观，并把计算能力应用于自身。这种循环往复或许在政治层面更具戏剧性，我们还常常卷入革命。迄今为止，还没有一只信仰马克思主义的蜜蜂极力组织它的工友们去推翻长期剥削它们的蜂王。狼群会为谁当头狼而决斗，但从未联合其他狼群组成更大规模的组织，并由几匹狼集体领导。而我们人类会做这样的事情，而且不只在革命时期才做这种事。我们会问，“我是谁？我该如何对待人生呢？”光是提出这些问题的行为就足以改变我们。我们有时甚至质疑人生是否值得过下去。毕竟，哈姆雷特的著名独白不是疯人疯语。松鼠的内心独白是这样的：

是死在猫的利爪之下，还是

冒险跳下换取渺茫的生存机会，这就是我要思考的问题

松鼠不会说，“生存还是毁灭。”顺便插一句，松鼠活了下来，一瘸一拐地逃走了，上面正在刮大风，而乔治亚娜则趴在树顶上愤怒地看着松鼠，简直难以置信。

对于我们的动物朋友而言，首要目标清晰明了：吃，睡，保护群体，繁衍族群等等。假设它们在“思考”的话，那么一定是在盘算在计算如何达成这些目标。我们人类也一样，通过遗传继承了许多相似的生活目标，我们也花费许多时间思考晚餐吃什么。但我们有能力去质询我们的目标，改变想法，衡量人生之于传统观念到底有多少意义。借助工具、图像和文字，我们把“我们是谁”这个问题延伸到较为开放的空间，然后又曲线回归自身。可以这么说，我们是哲学动物。

当然，哲学并非我们参与理性思考的唯一方式。除了哲学之外，

其他能把我们独特的力量运用到自身的重要和基本的方式还有诗歌、艺术和音乐。灵感有助于我们定义人类的生存方式。对理性的音乐式表达在宗教里得到最佳诠释，宗教是上帝启示的生活方式，至少对于宗教信仰者来说是如此。当然，理性还包括今天我们称之为文化的各种彼此重叠的实践，也就是我们的生活方式——之所以称其为“我们的”，并非因为它是我们中的某个人想出来的，也不是因为我们大部分时间都有意识地赞同，仅仅是因为我们在这种文化中出生，并认为这种文化理所当然。

公元前五世纪，希腊人的传统丧葬习俗是将遗体火化。在并不遥远的印度，卡雷申部族的习俗则是吃掉遗体。有一次，波斯王大流士（Darius）邀请了希腊人和卡雷申人的代表，他问希腊人，给他们多少钱，他们才愿意吃掉死去的祖先。他也问卡雷申人，给他们多少钱，他们才愿意把死去的亲人火化。对于两个民族而言，给多少钱都不会点头同意。可以想象，波斯王的提议把两个民族都冒犯了，因为他的提议与“自然本性”背道而驰。希腊历史学家希罗多德（Herodotus）记录了这个故事，并得出如下结论：“如果让人们挑选自认为全世界最好的习俗，他们会逐一审视，并最终挑选自己本民族的习俗。”

大家肯定都能注意到，如同希腊人和卡雷申人的不同风俗一样，人类有各种各样的音乐，有各种各样表达人性的方式。除了我们信仰的宗教，世界上还有其他宗教；生活在异域文化中的各个民族，所创造的形象、故事以及仪式风格迥然不同，充分展现了他们的人格特质。当意识到这一点时，我们正站在哲学的边缘上。一千年前，11 世纪波斯哲学家安萨里注意到，“基督徒的孩子信奉基督教长大，犹太人的孩子信奉犹太教长大，而穆斯林的孩子信奉伊斯兰教长大。”当我们发出这样的疑问，“如果有人是正确的？那么到底谁是正确的呢？”——那么，我们便进入了理性的新阶段：哲学。

*

《纽约时报》近期刊登了文学评论家斯坦利·费什（Stanley Fish）的文章，他认为哲学是“一种特殊而狭隘的思维形式”，“哲学的命题只在自身的游戏领域才具有重要性和价值。”他还说，像道德绝对论那样的哲学论点，充其量不过是“堆砌辞藻”，不会给我们的现实生活带来什么不同。对于大部分学术性哲学而言，费什的描述或许有些道理。不管是研究生的研讨会还是大学的入门课程，哲学教师和学生经常玩一种游戏——努力构建一个完美的理论。针对真、善、美等早已确立的观点吹毛求疵，批判其中的缺陷和不一致性，然后努力构建一个具有普遍性的解释。我们无法心平气和，而是心浮气躁地玩着问答游戏。

但若描写的是真正的哲学，费什的定义则是错误的。他犯了以偏概全的错误，把各家片面的说法当成了哲学的全貌。真正的哲学需要我们完全运用理性思考，去寻找一个有意义的人生。哲学自始至终不曾脱离水电工、爱、宿醉、背疼、美、涂脚指甲油这些生活的方方面面，总之，哲学与我们的日常生活紧密相连。诚然，哲学在偏离正轨的反思世界里兜了一大圈。但是哲学里讨论的所有理念，最终必须使用同一个标准进行检验，即是否能帮助我们过得更好。

法国伟大的史学家皮埃尔·阿多（Pierre Hadot）认为，古代哲学并非只是一连串理论，而是一套精神练习，目的是让人们回归真实的自我。对于古希腊人和古罗马人而言，哲学绝非“一种特殊的、狭隘的思维形式”，人们钻研哲学，意在不断提升自己。后来，产生了斯多葛学派和伊壁鸠鲁学派，那是因为，他们的生活饱受担忧、执着、欲望等问题困扰，距离美好人生越来越远。他们向往和追求幸福的人生，而哲学恰恰能指引他们。

从某种程度上说，古代的哲学实践在现代已经发展成一门理论学科，致力于澄清科学和道德领域的概念。但这并非哲学的全貌，我相信哲学并未丧失其作为一种生活方式的特征。伟大的现代哲学家执着于科学和道德研究，他们这么做当然有迫切的理由，后面几章里我会证明。17 世纪，笛卡尔（Descartes）寻找知识体系的某种特定基础，很大程度上是因为他周围的世界正在坍塌。20 世纪，汉斯·约纳斯（Hans Jonas）重新探讨上帝和恶的话题，很大程度上是因为他母亲在奥斯维辛集中营遇害。我的一名学生，她是一位母亲，她在儿子的手术同意书上签了字，儿子却在手术后去世。她眼含热泪问我康德的论述是否正确，是否不能以行为的结果来判定其道德价值，那一刻我清楚地知道，对康德伦理学的评价绝不仅仅是头脑中或教室里所进行的狭义哲学游戏。

当日常生活事事顺心，那么斯坦利·费什则是正确的，哲学的确是一种休闲活动，仅仅为满足我们本能的求知欲而进行的快乐实践。但是当日常生活没有达到尽善尽美时，人们不免追问人生的意义何在。就在这一瞬间，我们无法再悠闲地求知，而是迫切地寻找美好的人生。当日常生活对于我们已经毫无快乐可言时，当我们总是感到工作单调痛苦索然无味时，当我们觉得政治已经毫无出路时，哲学就不仅仅是小众的实践，而成为大众的需要。

春秋战国时期的中国恰好处于这种时局，这一时期出现了诸子百家，是中国哲学的全盛时期，老子、孔子等思想家为人类文化勾勒出美好的愿景。古雅典在伯罗奔尼撒战争中被斯巴达击败，之后也出现了相似的情形。当时，雅典社会充斥着狂热的信徒和道德相对主义者。雅典霸权的衰退，催生了苏格拉底、第欧根尼、柏拉图、亚里士多德、伊壁鸠鲁学派、斯多葛学派，对他们而言，哲学就是追求幸福生活的精神实践。

近代初期的欧洲也有类似经历。当时的欧洲分为信奉基督教和天主教的两大阵营，彼此论战不止，恰好给了伟大的哲学家一个千载难逢的机会，他们试图设想出能超越宗教派系的政治、道德以及科学。以我的直觉，当下的情形也差不多：如果说我们的帝国还未走上衰退之路，至少各个文明之间相互冲突倾轧，人们的生活也常常不尽人意。如果我的直觉是正确的，我们需要哲学。

*

“庄子与惠子游于濠梁”这个故事出自《庄子·秋水》，我认为它体现了哲学的奥妙以及我们生而为人的神秘性。《庄子》这本书以道家宗师庄子本人的名字命名，记录了他逍遥的人生和对后世的教诲。

庄子与惠子游于濠梁之上。庄子曰：“儵鱼出游从容，是鱼之乐也。”惠子曰：“子非鱼，安知鱼之乐？”庄子曰：“子非我，安知我不知鱼之乐？”惠子曰：“我非子，固不知子矣；子固非鱼也，子之不知鱼之乐，全矣！”庄子曰：“请循其本。子曰‘汝安知鱼乐’云者，既已知吾知之而问我。我知之濠上也。”

庄子与惠子象征着哲学的两个不同方面，二者侧重点不同，都很重要。庄子睿智、风趣、玄妙、诗意、冷静，而惠子则逻辑、严肃、平实、科学。但是，就如同中国文化中著名的阴阳图一样，二者相互依存、相互包容。

这则寓言一开始讲述了和儵鱼之间的某种连接。当我们看到其他动物时，也会有类似的评论，例如在动物园，我们会不由自主地将内心的感受投射到那些嬉戏的、悲伤的、慵懒的动物身上。庄子的说法显示人类会自发地与生命进行链接。而惠子则否认这种自发性，并质疑庄子言语中所隐含的论证——此时我们进入了哲学领域。

庄子欣然接受这条新思路，并且立即予以双倍反击：如果动物不能了解动物，那么人怎么了解人？这是个让对方无法招架的结论。我们发现，当下的观点与最初的主张完全对立了。我们似乎难以与世界产生自发联系，甚至与任何事物都无法产生关联，或许一切都没有意义。当然，这也是哲学时刻。

惠子谨慎地承认，他并不知道庄子在想什么，但他认为这里仍使用他的排除原则，也就是庄子也不可能知道鱼在想什么。庄子并未沿着这条死胡同走下去，而是回到了最初观察的原点，只是这次玩起了文字游戏。惠子最初的问题可以直译为："你从哪儿知道鱼快不快乐？"这句话有好几种意思。第一，"你如何知道？"第二，"我并不认为你真的知道。"第三，"你在哪儿知道的？"庄子开着玩笑，无视了第二种解释（这应该是惠子真正的意思），而回答了第一个和第三个问题："我知道，因为我就在这儿；我就是站在河边知道的。"在《庄子注》中，西晋玄学家郭象的相关评论如下："夫物之所生而安者，天地不能易其处，阴阳不能回其业。故以陆生之所安，知水生之所乐，未足称妙耳。"艾略特（T. S. Eliot）也殊途同归，他说：

> 我们绝不能停止探索，所有探索的终点，
>
> 即是下次探索的起点，去重新认识未知世界。

本书的一个主要观点就是，真正的哲学是一场由不同阶段组成

的艰苦旅程。哲学始于奇妙又问题重重的日常生活。当哲学苦旅经历质疑阶段时，盲目的怀疑主义占据主导。只要旅程继续进行，总会迎来光明启迪之时，产生一种批判的理论形式（专业哲学家通常执着于这个阶段）。但哲学之旅的终极目的地是回归普通人生，如同艾略特的诗篇所言——去重新认识未知世界。每个人都能参加这趟哲学之旅。如果我们的起点是有价值的信念，那么我们应该返回起点，重新认识它们；如果我们最初的信念不是那么有价值，我们不得不寻找更有效的信念。我们必须投入哲学之中，才能了解这一点。投入哲学，不仅包括学术研究，比如研究莱布尼茨（Leibniz），也包括全身心审视我们的人生。无论哪种方法，都能帮我们找到人生意义，精力充沛地回归。蒂恩优美的文字表达了我们与生活之间模棱两可的关系："很奇怪，哲学让我在工作中更加隐忍，与此同时，哲学也让我对工作更加难以忍受。"

*

在《理想国》的结尾，苏格拉底讲了一个神话故事，描述了人死后的情况。苏格拉底说，一名叫厄尔的勇士战死沙场，十天后，战友们找到他的尸首，发现他的尸体并未腐烂。在葬礼上，即将被火化的厄尔奇迹般地死而复生，详细讲述了自己死后的经历。人死后，灵魂会踏上一段美丽或可怕的旅程，这完全取决于他们生前的作为。整整一千年的漫长等待后，灵魂可以选择下一个轮回的人生。许多灵魂都拒绝继续为人，因为他们还未忘记上一世的痛苦。大埃阿斯

（Ajax）是最强的勇士，他选择变成一头狮子。声音甜美的俄耳甫斯（Orpheus）的灵魂，选择变成一只天鹅。被妻子杀害的阿伽门农（Agamemnon），则变成一只鹰。

在厄尔的故事中,最后做出选择的是狡猾的奥德修斯(Odysseus),他选择了别人都忽视的人生，即做一个普通人。奥德修斯说，即使让他第一个选，他依然会做出相同的决定。或许，在经历了史诗般的人生旅程后，奥德修斯认识到蒙田的观察是真理——“你可以把全部道德哲学与普通的个人生活联系在一起，如同和更加贵重的事物联系在一起一样。”或者，就像多萝西在《绿野仙踪》结尾时说的那样，“若要找回心中的渴望，我不会越过自家的后院去追寻。因为如果它不在那儿，说明我从来就没真的失去过它。”

你或许同蒂恩一样，在工厂里辛苦劳作（顺便提一句，她现在已经是一名护士）；你的工作或许很赚钱，因此你能乘游艇巡游；你或许是一位失业的父亲，或是一位单亲母亲；你或许婚姻美满，也可能绝望地孑然一身；你或许是一名叛逆少年，或许是一名成绩全优的书呆子，或许是备受冷落的局外人；也许你的大脑受过损伤；也许你本人就是一位哲学教授。你肯定有一些怪癖，有一些不为人知的愿望和恐惧，有一些属于你自己的消磨时间的小癖好，或许还会一千零一种花式结绳方法。奥德修斯的灵魂——曾经传颂的美丽诗篇，就是他赋予的灵感——很可能在你出生时就潜入了你的身体。是的，你的身体。

那么，就让我以奥德修斯的口吻结束本章吧。奥德修斯追求完整的人生，他是人类理性主义的伟大英雄。他很机智，巧用木马计结束了长达十年之久的特洛伊战争。在回家途中，他躲过了巨型食人魔，智取独眼巨人库克罗普斯，面对海神的暴怒得以生还，最终回到伊萨卡岛（Ithaca），这座城市象征着我们追寻的真理。在诗歌《伊萨卡岛》中，现代希腊诗人康斯坦丁·卡瓦菲（Constantine Cavafy）使用巧妙圆滑的语言对即将踏上伟大旅程的奥德修斯说话——既没有完全明示又没有完全掩盖即将到来的全部真相。

当你前去伊萨卡
祈祷你前路漫漫，
充满冒险，充满发现。

卡瓦菲继续写道，没有必要惧怕嗜血成性的食人魔或是吃人的独眼巨人库克罗普斯，因为“只要你未曾将这些恶魔带进你的灵魂”，你就永远不会遇见他们。这句话很圆滑，因为卡瓦菲知道我们的灵魂里的确有恶魔。我们可能会不得不面对他们。

让伊萨卡永驻你心，
那里才是你的终点。
路上勿要过于仓促，

最好多多耽搁几年；
等你归来也已老去，
博文见识富甲四方，
无需回伊萨卡求财。
美丽之旅始于此地，
没有它就没有此旅。
而今她已施舍完毕。
若是你看到她贫穷，
并非伊萨卡欺骗你。
既然你已聪明睿智，
加之旅途博文见识，
你必定已经明白了，
这些伊萨卡的意义。

卡瓦菲的这首诗里，我最喜爱的就是这句劝勉的话：“祈祷你前路漫漫”。

2. 哲学的肖像——苏格拉底

不屈不挠的诚实、勇气，以及对真理的热爱，把苏格拉底和我们引领至顶峰，如果我们也能在顶峰驻足片刻，那便是我们此生能够享受到的终极幸福。

——弗吉尼亚 · 伍尔芙

虽然有一些例外（例外总会存在），但西塞罗（Cicero）关于哲学家的这个说法很有道理：“所有哲学家都认为自己是，而且也希望别人认为他们是和苏格拉底一脉相承的。”或许我们还可以加一句，尽管他们的哲学体系和观念千差万别。我也像那一长串哲学家一样，坚信苏格拉底是至今人类中最智慧、最快乐、最公正的人。莫扎特对音乐有多重要，苏格拉底对人类就有多重要。

苏格拉底约生于公元前 470 年，父亲索弗洛尼斯科是一名石匠，母亲菲娜拉底是一名助产士。苏格拉底曾把自己的哲学实践称为某种助产行为，帮助别人“生出”思想，却没有自己的“孩子”——

意思是他没有留下任何自己的理论。古雅典是古代世界的民主典范，市民们直接参与城市的管理（虽然，形式上与现代民主相似，但那时只有拥有土地的男性才算市民）。据多方记载，苏格拉底作为雅典的市民，曾在伯罗奔尼撒之战中勇敢作战。他很少直接参与政治，但曾作为陪审员参加过一次著名审判，一群指挥官被诬陷，苏格拉底拒绝认为他们有罪，即使因此生命面临威胁。公元前 399 年，他去世时，有三个子女。他妻子赞西佩，大概是个悍妇，总是抱怨苏格拉底给家里挣不来钱（似乎有道理啊）。当被问到为什么同意娶这么一个女人，他回答说：驯马师一定会驯服最烈的马。赞西佩想必无法同意这种说法。

苏格拉底的幸福不是我们平时说的那种会随环境和情绪忽隐忽现的幸福。也许称之为喜悦更为合适，虽然这个词也会引起误解，无法反应苏格拉底恒久的安静平和。喜悦、幸福、睿智、正义、安康、富足、平和是对他的最好注解，他是一个完全做自己的人，不管和谁在一起——狂热分子、孩童、奴隶、诗人、酒鬼、妓女、将军、其他哲学家——都是自由自在；在任何情况下，哪怕死神扼住喉咙，都是泰然自若。曾经，在想象来生时，他说还是愿意继续和现在一模一样的生活。德国大文豪歌德曾说，如果只有一个愿望可以满足，他选择和苏格拉底待一天。我所知道的对苏格拉底过人之处的最好描述出自蒙田的《随笔集》：

苏格拉底最引人注目的事，莫过于他在晚年开始学习跳舞和弹奏乐器，且乐在其中。人们眼中的苏格拉底，曾醉心于某个深奥的感悟，面对希腊军队站着发了一天一夜的呆。人们眼中的苏格拉底，面对他喜欢的美女的引诱，发乎情、止乎礼。人们眼中的苏格拉底，在岱利壅战役（battle of Delium）中，救了从马上摔下来的色诺芬。人们眼中的苏格拉底，经常赶赴战场，光脚踏冰而行，着同一件长袍，冬夏如常，其吃苦耐劳，所有伙伴无出其右，豪华夜宴时，谈笑自如。人们眼中的苏格拉底，面不改色地忍受饥饿、贫困、子女的桀骜和妻子的控制，二十七年如一日，最终死于诽谤、暴政、牢狱和毒药。即使是出于礼节，必须与人喝酒狂欢，他也是众人中酒量最好的。他从不拒绝和孩子们玩碰棒子游戏，或者和他们骑木马，做起这些他总是风度翩翩。对于一个智者来说，任何行为，包括哲学思考，都恰如其分，值得尊敬。

苏格拉底和耶稣一样，生前没在纸上留下任何只言片语。我们只能通过他同时期的人来了解他，特别是他的学生柏拉图。柏拉图几乎所有的作品，都以其恩师苏格拉底为主角。因为柏拉图，我们了解苏格拉底；因为苏格拉底，我们了解柏拉图。在《苏格拉底最后的日子》的四篇对话录中，柏拉图通过记叙对他老师的审判和处决这一历史事件，描绘了哲学本身的结构和意义。哲学，看起来与宗教无关，本质上是神圣的行为。哲学，看上去颠覆破坏，却是真真正正的爱国主义。上了年纪的人认为哲学会腐蚀年轻人，但实际上，哲学是赋予我们生命意义的决定性活动。

你得为他人服务

《游叙弗伦》开篇记叙了苏格拉底和游叙弗伦两人在特殊情境下的一次日常对话。两个人相遇在法庭门口，都有业务要处理。前者为了即将到来的审判到法院报到，他被指控不敬神明和腐化青年，他要为自己提出辩护。后者去法庭的原因有趣得多。他要指控自己的父亲犯了谋杀罪。事情的缘由好像是这样：游叙弗伦的仆人醉酒之后割了他父亲仆人的喉咙。父亲把杀人的仆人绑起来，扔到沟里，派人去找当权者询问该怎么办。在此期间，仆人死了。

游叙弗伦解释自己做得对，声称他起诉父亲是遵循神的做法。他引用宙斯作为自己行为的典范，宙斯把自己的父亲克罗诺斯赶出王宫，因为他吞了自己的五个孩子，某种意义上来说，这是一种控诉。而且克罗诺斯，也控诉过他的父亲，他曾阉割了乌拉诺斯，并将他的生殖器丢入大海。苏格拉底非常重视游叙弗伦的说法，按照苏格拉底常用的对话模式，他请对话者解释是什么赋予他的行为以意义和价值。这一次，苏格拉底问的是“什么是虔敬？”

有人会认为苏格拉底让我们定义爱、正义、知识、虔敬等概念不公平，因为就算我们不能准确地定义这些词，我们也能知道这些词的意义。不过，阻碍我们过上好的生活的很多时候就是不好的想法和观念。因此，当一个词和生活的恰当关系不那么明确或者有争议时，理清其定义也就不显得有什么不公平了，在苏格拉底的时代尤为如此。如果游叙弗伦不能给出满意的定义，我们能说他知道什么是虔敬吗？如果答案是肯定的，那些声称对游叙弗伦所作所为大吃一惊的雅典人又该怎么说呢——他们是否也跟游叙弗伦一样，虽然无法定义虔敬，但知道虔敬的本质？那些指责苏格拉底不敬神明的人呢，他们也知道虔敬是什么吗？或者，应该还有另一种更睿智的说法，虽然每个人都宣称自己了解虔敬，但他们都不能提出权威的见解，这表明他们实际上并没有完全领悟其真谛，他们自认为对虔诚的认识深刻，只是夸大其词而已。对这些人来说，承认自己真的一无所知并愿意了解虔敬的本质，是不是更加智慧的表现呢？

一阵支支吾吾后，游叙弗伦回答了苏格拉底的问题。他给了两种答案：第一个答案，神之所悦就是虔敬的，神之所不悦就是不敬的。第二个修正后的答案，虔敬就是众神一致钟爱的；反之，不敬就是众神一致憎恶的。第一个答案审视之下是有问题的，因为众神似乎和我们一样也存在冲突和敌视；如果我们接受的是一神论，那么在一部经典中处处可见前后不一、自相矛盾之处。以眼还眼。宽容大度。神伸张正义。神宽宏大量。神要求开战。神要求和平。智慧为首。智者多虑。

游叙弗伦修改后的答案“虔敬就是众神一致钟爱的；反之，不敬就是众神一致憎恶的”，存在更多的问题。如果众神有不同意见的话，我们该怎么做？既然他们只在意见统一的时候才是值得信赖的，为什么我们需要这么多神？我们如何知道他们同意些什么？苏格拉底并没有问这些问题。相反，他没有兜圈子而是问了一个可以提名为史上之最的问题，大部分西方哲学都是由此问题发展而来。诚然，第一眼看上去这不是一个那么有力的问题：因为一个行为是虔敬的，所以众神才称许，还是因为一个行为得到众神的称许，所以才是虔敬的？

*

让我们以一个简单的问题来揭开这个伟大的奥秘吧：什么是最合理的宗教？

卡瓦菲的另一首诗《不忠》描述了忒蒂斯与珀琉斯的婚礼上，预言之神阿波罗起身祝愿新婚夫妇，承诺他们的子嗣长命百岁、一生平安。那个孩子就是阿喀琉斯，他慢慢长大，母亲对他悉心照料，也牢记着神的祝愿。当然，最终他还是去了特洛伊战场。一天，几位长老来到他母亲家门口，带来了不幸的消息，阿喀琉斯在战争中被杀了。忒蒂斯撕裂长袍，扯下珠宝，把它们扔到地上。突然她想起阿波罗的预言，追问当她儿子被杀时，预言家在做什么。

> 长老们回答她，
>
> 阿波罗本人降临特洛伊城，
>
> 协同特洛伊人一起杀了阿喀琉斯。

从这点来看，最合理的宗教是多神崇拜吗？

暂且不要先入为主，让我们看看这个疯狂奇怪的世界。之后，你会对神明有什么想法？你会看到这个世界既有惊人的美，也有想象不到的恶；你会看到粼粼湖面上天鹅的倒影，也会看到地震后蜷缩在父母尸体旁的孩子；你会看到井然而至的四季，也会看到天有不测风云；你会看到大地滋润万物生长，也会看到如孩子般的发怒之后庄稼一颗不剩；你会看到一个充满希望和元气的世界，就好像预言之神许以我们长寿和健康，你也会看到无数可爱至极的人们英年早逝。在这个世界，葡萄可以酿成美酒，爱情可以引发战争，战场的屠杀可以激励出最摄人心魄的艺术。那么我们是不是可以说，在这个死气沉沉又欣欣向荣的血腥世界并不存在统一的思想？这个世界的各种力量和众神像个是大杂烩：慷慨、美丽、残酷、愤怒、平静、奸诈、温馨、敌对，但最重要的是变化无常又无比强大。

有意思的是，卡瓦菲诗歌的引言正是苏格拉底在柏拉图《理想国》中的一句话。大意是阿波罗不可靠的故事是关于神性最不被接受的描述，因为大家不会认同神竟然做出这种事，而这也让我们回到苏格拉底在《游叙弗伦》中提出的伟大问题。从本质上，他是在问我们应该信仰良善还是威权。我们听从的究竟是命令的威权还是命令的良善？在这种情况下，我们是服从于神的命令还是服从于命令的良善？我们该听命于威权还是良善？

游叙弗伦对虔敬的定义直接把他置于威权的阵营。虽然苏格拉底在对话中没有给出答案，他好像确定是处于良善阵营。鲍勃·迪伦有这么一首歌：“你得为他人服务：可能是魔鬼，可能是上帝；

但是你总得为某人服务。”他唱得有道理，“魔鬼”也许指迷信威权，不管是我们自己的还是他人的；“上帝”也许指的是真、善、美等事物，这些事物的价值来自于其本身，它们在这个世界的影响力如柔弱娇花。

我总是惊讶于竟然很少有学生知道亚伯拉罕与以撒的故事，凡是信仰三大亚伯拉罕宗教的人都应该知道这个故事。迪伦写的另一首歌提到了这个故事（上帝对亚伯拉罕说：“为我杀了你的儿子。”亚伯说：“主啊，您是在开玩笑吧！”）学生们对这个故事和其传统解读的无知反而有助于我测试他们面临威权和良善时如何站队。我说，假设上帝以任何使你相信的形式显灵——燃烧的草丛、会说话的旋风、天姿国色的脸——要求你杀死你最爱的人：儿子、女儿、配偶、父母或朋友。再设想上帝使你知道你正在接受考验。你会怎么做？

一名叫谢丽尔的学生给出了有力的答案。她的小儿子无人照看时不得不跟着来听课，在角落里安静地涂涂画画。她在试卷上写道：如果上帝让我杀死我的儿子，首先我会质疑这声音是否是上帝。之后我会跟他说见鬼去吧。她的看法与两百年前伊曼努尔·康德在《学科之争》（*The Contest of the Faculties*）中的话如出一辙，但她的回复更简洁有力。

就算上帝真的和人说话，人还是不能确定是上帝在讲话。人完全不可能用感官感知上帝的无限，也无法分辨上帝和其他智慧生物有何不同，更不能理解上帝本身。但是在某些情况下，人类可以确定他听到的声音不是上帝，因为如果这个声音命令他做违反道德准则的事，那么不管这个幻影多么威严，不管这个幻影看起来是多么的超自然，他一定认为那只是个幻象。

在脚注中康德解释道，“亚伯拉罕应该这样回答所谓的神音，‘我不应该杀死自己的好孩子，这很确定；但是你是不是上帝却根本都不确定，也从来不能确定。’”谢丽尔和康德在良善的阵营。

亚伯拉罕属于威权的阵营（虽然在毁灭所多玛的故事中，他质疑上帝之怒是否应该，换到了良善阵营）。他把以撒带到山上要杀他以证明自己是上帝忠实的仆人。上帝是万物之源，面对其威严，我们与万事万物的羁绊都成了次要的，更何况万物都是上帝所创。对这个故事的传统解读赞扬了亚伯拉罕的忠心，赞扬他通过了最残酷的考验，愿意牺牲自己的孩子。很显然，基督徒们对此演绎颇多。

但是有没有可能亚伯拉罕并没通过考验呢？如果上帝想要看到的是，即使面对着最大的威权，亚伯拉罕仍然坚持自己内心最深处的是非善恶观念，这样的话他就大错特错了。当然一定会有非主流的宗教研究文献把亚伯拉罕家族的苦难解释为对其未能坚守人类最根本良知的惩罚。或者，亚伯拉罕在故事中已经受到了惩罚，因为他的余生都要在爱子支离破碎的信任甚或极度愤怒的注视中度过。

在我们这个以文明之名行折磨虐待之实的时代，亚伯拉罕式的试练依然能给我们启示。但是这不仅是宗教领域的问题。无神论者也必须要面临他们为何人或何事服务的问题。

西蒙娜·薇依说过：“无神论者只是把信仰和爱集中于上帝的非人层面上。”一个聪明的无神论者可以说，“有神论者只是把正义感和权威感赋予一个人类的面孔。”现在很流行区分信教徒和无神论者，但是我坚持用苏格拉底式区分方法——信仰良善的人和信仰威权的人，这种划分又把无神论者和信教者各自分为两类。

苏格拉底和游叙弗伦最终没能就虔诚的定义达成共识。两人的观点南辕北辙，对话的最后，离满意的答案越来越远。无法招架苏格拉底尖刻的问题，游叙弗伦说“还要去别的地方”就跑了。

苏格拉底在他后面喊，“你怎么能这样对待我呢？你不想想你这样离去会彻底毁灭我的希望！我想如果我能在你的帮助下搞清楚什么是虔敬，什么是不敬，我就既能逃脱墨勒图斯的指控，又能使我的余生生活得更好。我要向墨勒图斯证明，在神学方面我得到了游叙弗伦的悉心指导，不会再愚蠢地散布独到见解和非正统的观点了。”

游叙弗伦本来要去法庭指控父亲杀人。现在他要去别处处理急事了。可能这场没有完结的对话改变了他的主意，甚或他的人生？不大可能——也很难说。

神谕和恶魔

古时候，形形色色、各行各业的人们都寻求神谕的启示，这些问题来来回回无非是：我外遇时会不会被抓？我会和男友分手吗？某人的病会不会好？我能还清欠债吗？苏埃托尼乌斯（Suetonius）在《尼禄传》（*Life of Nero*）里讲道，尼禄皇帝问德尔斐神谕："我什么时候死？"神谕回答："当心七十三岁。"想着生命还有一大半的时间可挥霍呢，当时才三十岁的尼禄如释重负，一头又扎回声色犬马的生活。此时，不久就要成为罗马下一任皇帝的伽尔巴（Calba），正在集结军队——当时他正好七十三岁。几周后，在随从的帮助下，尼禄结束了自己的生命。

众所周知，公元前五世纪末，凯勒丰（Chaerophon）去了前殿刻着"认识你自己"名言的德尔斐神庙，问女祭司有谁比他朋友苏格拉底更有智慧。女祭司答道："世上无人比苏格拉底更有智慧。"苏格拉底得知神谕的事，感觉很困惑。他这么缺乏智慧，怎么可能是最有智慧的人？他开始着手证明阿波罗和女祭司错了（仿佛为了证明人们日后对他不虔敬的罪名是对的）。他做法很简单：找到哪怕有一点点智慧的人就能轻松击败他这个一点智慧也没有的人。据说，苏格拉底问遍了雅典城公民——政客、诗人、工匠——关于他们掌握的特殊真理，最终他得出结论，神所言不虚（仿佛推翻了对他不虔敬的指控）。苏格拉底的确是雅典城最有智慧的人。他真的有那么一点智慧，至少他拥有一种无价的知识：他是无知的。其他人以为他们拥有知识，其实他们什么都不知道。苏格拉底便成为了最具智慧之人。

公元前399年，苏格拉底在法庭上以介绍自己的方式讲了以上的故事——故事载于柏拉图所著的《申辩篇》。像所有的好故事一样，开篇通俗易懂，之后如海岸线一样急转直下，越发深奥。拥有智慧是什么意思？为什么知道自己无知是一种智慧？诗人怎么会不懂诗歌，政客怎么会不懂政治，工匠怎么会不懂手艺？苏格拉底到底是谦虚还是骄傲，虔诚还是不虔诚，实话实说还是掩盖真相？也许正如原告指控的那样，如果哲学所做的一切就是损害社会的稳定，那它就是邪恶的？我的一个学生从没读过柏拉图的书，她回答了以上的问题并使我深切理解了这个故事的真正含义。

*

一个学期教五个班同一门课的话会累断脊骨、头昏脑涨，我想尽可能多上不同的课程。所以我就开了一门生物医学伦理课——这是一个夜校班，大部分学生是学护理的学生、实验室技术员，有几个学生怀揣着成为医生的梦想，还有吉莲·克莱默，她是一名助理护士，来自于爱荷华大学附属医院。课上讨论的是毫无新意的常见话题：知情同意、安乐死、堕胎、基因工程以及一些重要的职业道德理论。

最热烈的讨论源于我在死气沉沉的班上随口问了一句：“医院

到底有什么用？”学生们陆续抛出答案，而我又三言两语地继续追问。“治愈病人。”对病入膏肓的呢？“缓解病痛。”对病痛缓解不了的呢？“帮助那些病痛能被缓解的人。”对那些不想缓解病痛的呢？“帮助那些想得到帮助的病人。”医院没有义务帮助那些健康的人吗？诸如此类。我刚刚给学生们布置了作业，让他们就斯坦利·霍尔沃斯基于基督教观点对医院使命提出的观点进行思考，课堂讨论正好可以帮他们热热身。虽然吉莲聪明、认真、虚心，学术哲学却不是强项。尽管如此，我们的讨论还是火花四溅，给了她灵感和启发，之后她问我能不能就医院的使命为题写论文。

几周后，学生们交上论文一个一个离开了，我把吉莲拉到一边问她论文进度如何。她解释说课上的讨论把她弄糊涂了；最初，觉得我的问题很搞笑，讨论后，她奇怪自己竟然对医院最重要的意义迷迷糊糊。为了更好地完成论文，她灵机一动想到问问见到的每一个人——医生、护士、患者、管理人员——医院到底为什么存在。人们的回答又把她搞糊涂了。他们脱口而出的答案，如果可以称为答案，和夜校学生的一样说服不了人。吉莲说，在几个答案都被她这个助理护士枪毙后，某位医生给出了貌似完美的答案：“前面所有提到的都是医院存在的意义。”然而，她很快就发现这个答案也不是那么完美。他们怎么能知道什么时候治疗，什么时候缓解病痛，什么时候帮患者恢复健康？患者想要什么他们就给什么吗？他们就是要不断满足患者的需求吗？怎么知道什么时候这样做而不是那样做？他们最重要的使命是什么？他们存在的意义是什么？

吉莲发现所有答案的问题在于过分强调医院的治疗功能。医院太爱做这种事儿了：拿孕妇当病人，把悲伤过度的人当精神病，对濒死的人进行毫无意义的“施救”。如果医院存在的意义就是个机械维修厂，那我们的世界真是太没人情味儿了。“想想吧，”吉莲说，“医生们数十年的学医行医，从来不多想他们到底在做什么！”我想，大家也可以想象一下，这就好比诗人、政治家、工匠们根本不知道自己工作的终极意义。

吉莲知道同事们工作兢兢业业——他们只是感觉该做好分内工作。（苏格拉底发现诗人解释不了自己的作品，得出了一个结论：“并不是聪明才智，而是本能和灵感，使他们创作出了诗歌。”）但她想知道，如果他们知道了事情的本质，有没有可能会做得更好。（苏格拉底说：“如果我对你们说，一个人所能做的最高尚的事就是讨论善的问题和其他我所谈论过并以此检验过我自己和其他人的话题，不讨论这些，就是虚度时光；不以这些来检验生活，生活就没有价值。我相信你们听到我说这些话之后，更不会相信我。”）

我当场就看了她的论文。她提到我推荐的神学家霍尔沃斯的作品帮助她理清了思路。人生病了就会疏远周围的人，病痛让他们远离周围的社群。在她的文章中，最贴近医院使命的答案是：支持人类。生病时支持他们。离世时支持他们。支持那些失去爱人的家庭。在医院的能力范围内、在人们有需要时帮助他们。最重要的是，人与人之间的支持帮助。在他们受难时支持他们，尽可能地帮他们从孤独的痛苦之城回到正常的人类世界。

她认为护士在这方面做得最好，即使他们表达不出来。首先，护士们夜以继日地照料每一个病人，把他们视为活生生的人来照料，让他们体会家庭的温暖——至少觉得离家没那么远。其次，因为护士们长时间和病人待在一起，直接观察各种治疗方案的效果，所以她认为护士比医生更知道哪种治疗能化腐朽为神奇，哪种治疗是死路一条。医疗的重点在于对病人的照料。她得出了一个让人惊艳的结论：医生是护士的助手。但是，她担忧医生基于自己掌握的大量科学知识而夸大他们的智慧。（对于匠人们，苏格拉底有类似的结论："手艺人们自恃技术熟练，就声称他们完全通晓其他学科的知识，不管这些学科多么重要。我感到，他们的这一错误使他们的智慧黯然失色。"）

吉莲在论文结尾承认自己对结论有些心虚：这些结论只是最能表达她的内心想法。她总结说调查让她更清楚职责所在。她更加珍视自己的工作，不是以前那种想当然的珍视。要是她读过柏拉图的《斐多篇》，她可能会称自己的结论为"值得冒险的信念"。

*

我在格林内尔学院读大一时，曾在人文课上读了柏拉图的《申辩篇》，班里的同学讨论了苏格拉底的观点——"未经审视的人生不值得活。”对我而言，苏格拉底这句话犹如醍醐灌顶，让我对哲学价值的稚嫩认识瞬间升级。但并非每个人都和我有同样的感受，能体会其中的神奇。在课堂讨论中，一名同学质疑苏格拉底的观点，他拿出一张大家从小学二年级起就十分熟悉的图片：这是一张收录在《吉尼斯世界纪录》里的照片，照片里有两个世界上最胖的双胞胎，头戴牛仔帽，骑在本田摩托车上。这位能言善辩的同学评论道：“我看这两个家伙并不像哲学家，但他们似乎在摩托上很快活。你能说他们的生活没有意义吗？”换言之，没有哲学，人们就过不上有意义的生活吗？有时，无知难道不也是一种幸福吗？

《斐多篇》里记载，苏格拉底去世前一小时曾说，“哲学只是为死亡和临终做准备，除此之外无他。”（我以前的教授乔哈娜·米翰常说：“哲学专业简直没法招生了。”）这个观点是说，哲学家必须面对他们会死亡这一现实，而这也意味着，他们必须面对自己的人生，因为生和死都是生命循环的阶段。如果我们刚从卡在悬崖边的车子里被拖出来，往往会思考诸如此类的问题：“我是如何对待自己的人生的？我为什么把时间都浪费在这件工作上？我为何把自己同父亲的关系弄僵，到了无法挽回的地步？我为何没有释放出自己的最佳状态？”也许死里逃生之后，我们发现自己过去在工作和人际关系中一直很幸运，如果我们能够牢记死亡终将到来这件事，我们就能对工作和人际关系有一个全新的认识。倘若只是机械地行善，倘若缺少对善行意义的理解，倘若缺乏对善行的检视，这种行善就毫无意义。

曾当过助理护士的沃尔特·惠特曼说过一句话："你终有一死——且让旁人随心所欲地说吧，我可不能睁眼说瞎话，我说话直接，毫不心软，但我是爱你的——你终有一死，无路可逃。"当我们在生活中无视那些最确凿的归纳性结论时，我们就用糟糕的事物取代了幸福与神圣，正义与爱情。面对死亡的现实，严肃认真地评价我们的工作，在生活中寻找有意义的事物，这就是"经过审视的人生"。不要用那幅肥胖双胞胎的画面转移话题，你在照相时也会微笑。但是，如果明天医生告诉你，你的生命只剩一年了，难道你会说："没关系，我早就知道我会死去，我活得很好，和自己兄弟到处玩耍。"我想，也许答案会不同。

人们在面对死亡时才会审视人生，但苏格拉底希望人们平时就能启动这个过程。苏格拉底的一生有很多看似矛盾的悖论，他声称自己不理解神圣，但他的行为最接近神圣。只有打开自己，才能聆听到内心的召唤，找到我们的神圣使命。

*

悲剧诗人墨勒图斯、检察官安尼图斯和修辞学者吕孔就是对苏格拉底提出指控的三个人。他们为什么不主张，经过审视的人生无法让我们的生活获得真正的意义，反而会适得其反呢？世代更替，神圣、正义、爱以及幸福的概念持久应验且日臻完善，人类社会慎重地将把这些概念教给年轻一代。回头审视这些概念，等于不设防地接受不良影响，例如我们的自我夸耀、旧症顽疾、专制暴政。吉莲在论文中提到聪明医生和重要行政人员的观点时曾流露出些许轻蔑。把苏格拉底的讽刺口吻解释为轻视，也并非什么了不起的事。

更糟糕的是，苏格拉底声称受到守护灵（daimonion）的指引，即他自己的小神灵，一种守护天使。后世，基督徒在探究多神论者的信仰问题时，这个词的词根“daimon”才有了“邪恶”的意思。尽管如此，当有人声称受到自己的神灵指引时，那么这个神灵几乎总是恶魔。一旦你敞开心灵，有什么能够阻止这个小精灵的魔力喃喃自语：“你何不独断专行，除了你，还有谁比那些傻瓜更适合做决定？”还有什么比这么做更败坏？还有什么比这件事更加亵渎神灵？为了支持这个观点，我们可以列举苏格拉底的很多伙伴：例如，阿尔基比亚德——雅典的一位纨绔子弟，他在一次纵酒狂欢中敲掉了赫耳墨斯神像的阴茎，然而他并未因自己亵渎神灵的行为接受审判，而是加入了斯巴达军队，反对雅典人；柯里西亚斯是柏拉图的叔叔，是备受痛恨的三十僭主之一。斯巴达击败雅典后设立了三十僭主，雅典因此备受屈辱，而三十僭主正是亲斯巴达的寡头统治集团。这就是哲学的产物吗？这是他们愉悦地遵守自己内心的“神灵”而做出的决定吗？

全人类最理性的一个人竟然遵循自己头脑中听到的神谕的指示，这很荒谬！按照苏格拉底的说法，这个守护灵讲的语言只有一个字：“不。”每当苏格拉底要做坏事或身陷险境之时，他的守护灵就会说“不”。

许多人都把守护灵解释为良知的声音，这似乎是正确的，但没有多少启发性。根据我个人的推测，这种神迹很接近一种召唤的概念。

“我如何生活？”或许，我们心中繁杂的信仰和理念让我们听不到这个问题的清晰答案。我们被告知应该做这件事，而我们却怀疑应该做那件事，周围的人则希望我们做另外一件事。也许只有充分审视这些信仰，直至真正认识到我们的无知，我们会找到内心深处的沉寂，在这里我们方能听到真理。或者，至少能像苏格拉底那样，知道哪些事情不该做。苏格拉底的伟大的阐释者蒙田说：“苏格拉底的守护灵，也许是某种冲动，这种冲动使他等不到自己的理性建议就做出决定。他纯净的灵魂来自持续的智慧和美德实践，而这些倾向性决定，尽管出自本能，未经深思熟虑，总是十分重要，值得遵循。每个人都有类似的感觉，都会因为瞬发的、激烈的、偶发的意见而心潮澎湃。”

吉莲和同事发现自己根本说不出医院的意义到底是什么，可是某些人一提起医院确实心里翻腾。也许就如同一个词在舌尖，却不知道如何发音一样。或许只有等他们回归了直觉，而忽视他们的理性思维，他们才能真正接近自己工作的真正意义。这种感觉，这种神秘声音，就像苏格拉底的守护灵一样吗？当然，苏格拉底的守护灵只说一个词——“不”，而我所讨论的这种声音所用的词汇量更大。我怀疑苏格拉底并非仅仅比我们大多数人更超前。他经常谈论自己从事哲学研究的神圣使命。或许我们一旦发现了一种“神圣的”使命，当我们在道路上前行，我们的守护灵就变得十分必要，因为它能守护我们不偏离路线。

*

陪审团以280人赞成、220人反对的投票结果判决苏格拉底有罪。与我们的司法制度相仿，控辩双方要提出量刑意见。控诉方提议判处苏格拉底死刑。在这次审判中，苏格拉底似乎没有丝毫担忧判决结果，他的漫不经心简直令人吃惊。他认为，“犯罪”就应该“惩罚”（但他并不认为自己有罪，因此惩罚也毫无意义），所以他要求在城市公共会堂获得免费食宿——这里是古代奥林匹克比赛时贵宾入住的地方。因为苏格拉底给予雅典人民真正的快乐，而奥林匹克比赛运动员给他们的快乐仅流于表面，因此这种“惩罚”配得上苏格拉底的“罪行”。

在所有对话中，柏拉图仅出现了一次，就在此处。（他的名字被提及两次，另一次也在《斐多篇》，以下我会介绍。）他在审判中力挺苏格拉底，尽量软化苏格拉底的话语；他建议自己的老师缴纳罚金，而他的朋友们会乐意为苏格拉底支付这笔钱。柏拉图屈从于毫无依据的指控，此举表明年轻的柏拉图愚蠢吗？作为作者，柏拉图把自己描写成尚需学习的青年，抑或柏拉图在此处很聪明，理解哲学家此时此刻必须遵守我老师讲过的“面具的逻辑”，还是柏拉图在极力把苏格拉底刻画为对雅典城市和繁荣更加有益的形象吗？如果是这样的，这也为时已晚了——至少对于雅典人是这样的。

陪审团的投票结果以压倒性优势判处苏格拉底死刑。

苏格拉底对于死亡判决的回应是我最喜欢阅读的文献之一。他冷静地答道：

> 死是两种境界之一，或是灵魂与肉体俱灭，死者对于任何事物都无知觉；或者如世俗所说，死亡就是灵魂从一处移居到另一处。如果死后没有知觉，就像无梦的睡眠。死就一定是一个奇妙的境界……如果你们这样看问题的话，那么可以把死后的整个时间看作并不比一夜更长。按另一种观点看，死是灵魂从此处移居到彼处，如果这一说法是真的，所有的死人都在那一处，那还有比到那里去更幸福的事吗？
>
> ……
>
> 请想一想：你们当中有人如果见到了奥耳甫斯、穆萨欧斯、赫西奥德以及荷马将会怎样呢……更重要的是，我愿在那里也像在这里一样，把时间花在考察和研究人的心灵上，找出他们之中谁真正聪明，谁只是自以为聪明。

比起城市公共会堂的免费餐食，苏格拉底的“死刑”判决是更好的奖赏。

哲学爱国主义

《克里托篇》是柏拉图所著四幕剧中的第三幕，讲的是苏格拉底的一位富人朋友克里托提议协助他越狱。苏格拉底坚信自己无罪，他用自己惯常的口吻回答了克里托。他说，让我们来审视一下，逃狱是否是件好事。在当时，逃狱远不像逃离恶魔岛那么大费周章，仅需贿赂狱卒便可逃之夭夭。克里托的提议似乎是希望协助苏格拉底越狱，这么做的主要理由是倘若他不营救苏格拉底，他会很难堪，因为人们会说他重财轻友，他还列举了其他几条理由，其中一条理由似乎不合情理（但同样扣动读者心弦），即为了自己的孩子苏格拉底也应当逃走，就好像孩子们跟随这位七旬老翁流亡国外能过上好日子似的。苏格拉底认为，他应当考虑的是做正确的事，因为只有这样做才算是一位好朋友或好父亲。如果越狱是非正义的，那么这么做只会树立坏榜样。倘若需要理由，仅需要证明越狱是正确的事情就足够了。

对于逃走是否正义这个问题，克里托有一条合理的论据——苏格拉底应当逃走，因为判决本身是有失公允的，因此一位正直的人无需尊重该判决——事实上，违反一个不公正的判决结果甚至是他的义务！就算判决是由大多数陪审团赞成通过，也不代表判决就是正义的。真理难道是由多数意见决定的吗？苏格拉底难道不应该遵循他的守护灵的意见，而非雅典人的意见吗？陪审团中，30 名摇摆不定的成员能够决定正义是什么吗？

苏格拉底又设想了更加深远的对话，当然远远超过他和克里托的对话——对话的双方是苏格拉底和法律。公民同法律具有一种隐性的契约关系。法律给予苏格拉底（还有我们，因为苏格拉底描述的契约形式跟我们的是一回事——如果他是对的——对于美国人如此，对于雅典人亦如此）生活在一种政治体系内的所有权益：婚姻法使我们得以出生并接受抚养，军队保护着我们，我们还享有教育、卫生、道路等等诸如此类的权益。法律几乎涉及我们生活的方方面面。作为回报，我们必须遵守法律：缴纳税金，不违法乱纪。如果我们不喜欢这个契约，这儿还有两个条款：（1）我们可以离开，或（2）我们可以通过法律途径改变制度。生活在这个国家的每个人，至少是过了法定年龄的成年人，如同哲学家约翰·洛克所说，都对这个契约“默示同意”。如果苏格拉底不喜欢生活在雅典的这种民主体制下——在这里，苏格拉底可能被控亵渎神灵——那么他就不可能在这儿一待就是七十年。

*

设想一下，一个遥远国度由一个独裁者掌控，而我们认为这个独裁者的存在对我们形成威胁；进一步设想，我们决定推翻这个独裁者，在该国建立民主体制，这符合我们两个国家的长远利益。我们甚至会为该国起草一部宪法以及其他法典，然后组建政府，设立警察机关、司法机关等机构。此时，我们是否能说法律已经存在？

我们还需要一个绝对关键的因素：人们遵守法律的意愿。这里的公民或许不承认美国宪法是正义的；某些人可能发动叛乱，拒绝接受法律和当局的权威。他们拥有法典，却没有秩序，因为除非全体民众遵守法律，否则法律毫无意义。他们或许有许多法律法规，但没有事实上的法律法治。从某种意义上说，法律就是我们遵守法律自身框架的意愿；如果没有尊重法律或习俗的集体意愿，我们就只剩下创建秩序的洪荒之力。

与契约相比，法律对我们的主张更具强制性。苏格拉底打了个比方，法律就像我们的父母，给予我们全部生命。没错，我们可以这样说，法律是一个独立实体，我们与之签订了契约，就好像我期待孩子们承认父母的权威，作为交易，父母提供他们食宿。但是在这两个例子中，我们的身份认同在很大程度上是由缔约伙伴形成的。其他解释都很肤浅。阿拉斯代尔·麦金泰尔有句话颇有道理——只有当我能够回答第一个问题“我身处哪个或哪些故事？”，我才能回答第二个问题“我能做什么？”苏格拉底明白他自己就是雅典故事的一部分。他当然也是哲学故事和正义故事的一部分，这两者占据优先地位，因为雅典和所有城市一样，都建立在正义和人道基础之上，并引以为傲。苏格拉底有自己的立场，他在雅典出生长大，对这座城市怀有深深的敬意，他接受由自己的立场所带来的可能的后果。

*

学者们有时会讨论“《申辩篇》-《克里托篇》问题”，就好像柏拉图不知道他到底在做什么一样。这个显而易见的问题就是，在《申辩篇》里，苏格拉底说，“雅典人，我尊重你们，我爱你们，但我会遵守神灵的旨意，而不会屈从你们的意愿。只要我活着，呼吸着，我就永远不会停止哲学研究——即使因为哲学而多次送命也在所不惜。”但是在《克里托篇》里，他却辩称，即使我们不同意法律，也应当遵守法律。总而言之：我们应当听命于神灵，还是遵守社区法律？

这个“问题”可以借由所谓的公民抗命解决。对我来说，公民抗命在苏格拉底身上得到了有力体现。公民抗命指的是基于对法律基本精神的信仰，而违反法律。倘若经过你深思熟虑的正义感与社群法律截然不同，我们最佳的正义模式建议你应该违反单个法规条例（抗命部分），但你应该尊重法律形式（公民部分）。当警察前去逮捕罗莎·帕克斯时，她并未逃走。她说：“是的，你应当逮捕我，因为我违反了法律，违法者应当受到惩罚。然而，虽然我尊重法律体系本身，但我拒绝接受这一特殊法令的正当性，我的正义感拒绝承认它。”

真正的哲学绝非简单粗暴抑或不恭不敬——事实恰恰相反。在中国明代，海瑞曾纠结于如何面对昏聩的嘉靖皇帝。作为臣子，他应当恭顺忠君；作为儒生，他应当仗义执言。他是如何解决这对矛盾的呢？海瑞先为自己买好了一口棺材，抬棺上朝，向皇帝进谏。

冒险永生

《苏格拉底的最后日子》一书的第四部分《斐多篇》以斐多的名字命名。斐多滔滔不绝地讲出了苏格拉底行刑前所有在场的朋友的名字。斐多对伊奇说，“我想柏拉图大概是病了。”这是整部充满美丽瞬间的对话录中最感人的时刻，当时柏拉图的确不在场吗？作为最能洞悉人类精神世界的哲学家，在老师最后的辉煌时刻，却没能陪伴在侧，该多么遗憾啊！

在《斐多篇》的开篇，苏格拉底的枷锁刚刚被除去，他正在按摩自己的腿。苏格拉底评论道，快乐是一件有趣的事情，它与对立面——痛苦——紧密相连，就如同一头神话中的野兽，长着完全不同的两个头颅。或者我们也可以说，如同一枚硬币的正反两面。打个比方，除去枷锁就好像你在出席某些正式场合后脱下不合脚的鞋子，你终于长舒一口气，痛苦变为快乐；就好像畅饮马提尼酒，连续四杯下肚，酒精上头，不得不承受宿醉的痛苦。我想到了一首杜撰的打油诗，人们常常误以为出自多萝西·帕克之手：

马提尼，我喜欢；

一杯好，两杯醉；

三杯倒，桌下躺；

四杯毁，陪人睡。

这的确很奇怪，如果你从不穿蹩脚的鞋子，你就不可能感受到脚丫子真正舒坦的快乐；如果你想成为一名痛苦后悔的品酒师，你就应该学会自己调制一杯充满诱惑的鸡尾酒。

苏格拉底看似随意的评论暗示了整部对话录的主题：对立双方的关系——确切地说，就是生和死的关系。肉体在苦与乐之间轮回，灵魂在生与死之间轮回。

对于人类意识而言，死亡意味着连续不断的生命乐章戛然而止，为生命画上了一个惊悚的句号。当代，我们的科学体系认为万事万物源自无生命物质，因而把生命的起源看成最大的秘密。但是对于我们的老祖宗来说，死亡才是人类最大的困惑。许多远古时期的神话都试图回答这个问题，他们大多认为死亡是意外发生的——例如由于误食有毒的水果致死。哲学家汉斯·约纳斯敏锐地猜想："形而上学起源于坟墓。"

回想一下你首次见到一具尸体时的情形，特别是死者是你曾经熟识并深爱过的人时。身体就摆在你面前：同样的脸庞、面容、四肢，但是这具尸身的性格去哪儿了？那个你熟识并深爱的人去哪儿了？那个令他容光焕发的生动表情，无论那是什么，都已经远去。我们就把这神秘的事物称为"灵魂"——在希腊语中，这个词拼作psyche。

套用《斐多篇》里的语言，或许灵魂只是肉体的"调和"；或者，套用现代的术语，心灵不过是一只连线工作的大脑。死亡时刻，灵魂消解，用古罗马诗人卢克莱修的话说，"如同膏油的香气，隐约消散于空气"。而英国诗人菲利普·拉金的诗句更加直白，死亡是"永远的空虚/我们一定会抵达的毁灭终点/并且永远迷失方向"。这种观点通常被称为唯物主义。

另一种观点——通常被称为心物二元论——认为，从某种终极意义上说，灵魂与肉体是分离的。如果唯物主义者认为灵魂是身体在健康状态下的一种功能，就如行驶是一辆正常运转的汽车的功能的话，心物二元论则认为，灵魂驾驶操控这辆汽车，汽车报废后，灵魂或许能与之分离。依照这种观点，死亡是灵魂从一个肉体平移到另一个肉体（轮回），抑或是灵魂进入另外一个存在区域（比如瓦尔哈拉殿堂，即阵亡将士与奥丁神永久生活的宫殿，或九层地狱的其中一层）。在《斐多篇》里，苏格拉底论证——或似乎在论证——某种心物二元论的观点。灵魂是永生的，它的真正归宿是身体以外的某个地方。

在柏拉图最超凡脱俗的对话录中，他把苏格拉底刻画为一名感官主义者。在《斐多篇》里，苏格拉底一边尝试证明灵魂是永生的，一边轻抚斐多的发束。这一刻让人印象深刻，一部分原因在于，他轻抚头发的动作非常单纯，毫无留恋。我们不难联想死囚犯轻抚某个漂亮的物件，内心想着，“我好可怜，这是我最后一次体验这么美妙的东西了！”但苏格拉底则不同，他只是品味着年轻人的卷发，一如他品味世上诸物，他并未自哀自怜，并未夸大体验，他的轻抚只是出于自然自发的喜爱之情。

整体说来，对话录对我们现在如何生活极为关切。面对死亡的态度，就是面对人生的态度。苏格拉底的确谈论过哲学家应该轻视

“口腹之欲”，更不必说性了。但考虑到苏格拉底对性的态度（七旬老翁喜得贵子），我怀疑他也并不支持禁欲主义。戴维·赫伯特·劳伦斯的一首诗诠释了我的预感：

他们把所有的感官经验称为神秘，那是经过思索的经验。

于是，当我从苹果中品尝到

春夏秋冬，暴风骤雨，日出日落，苹果是神秘的。

如果我说我在一枚苹果中尝到这些东西，我会被称为神秘主义者，意思是我是个骗子。

唯一品尝苹果的方法就是像猪一样啃食，

品不出任何滋味，

这才是真实的。

这不是斋戒和饮食的区别，而是是否愿意反思自身体验的区别，是品尝苹果中的日月精华还是像猪一样啃食苹果的区别——总而言之，是经过审视的人生和未经审视的人生的区别。当我们放眼寰宇，我们便可收获最丰富的身体经验；而当我们执着于过去的世界时，我们仅能得到最抽象的快乐。苏格拉底饮下的不仅是毒芹汁，更是深厚友谊、美酒、对话，因为他深情地品味了孤寂、自律和沉思。

*

仔细聆听了苏格拉底关于灵魂永生的论述后，西谟弥阿斯表示在学识上很满足，但是“主题太博大，而我又对充满缺陷的人类本性知之甚少，不禁感到些许顾虑。”苏格拉底回答，“非常正确……更重要的是，即使你发现我们最初的假说具有说服力，它们仍旧需要精确思量。”但是，苏格拉底并未重新审视最初的假说，他转移了话题，在承认灵魂不死并未完全证实后，开始讲述一个生动的关于死后本质的故事。

大部分关于死后世界的说法都与我们现实世界的冲突相抵触。这些故事呈现的价值充其量只是反映了我们面对未知世界时最卑劣的欲望和对未知的恐惧。在我们梦寐以求的伊甸园里，快乐与痛苦分离，这不合乎理性。民谣《巨石糖果山》中，一位流浪汉幻想了一处世外桃源，在巨石糖果山，斗牛犬的牙齿是橡胶做的，监狱永不上锁，警察装着木头假腿跛行，母鸡下的蛋都是已经煮得嫩嫩的鸡蛋，湖泊里灌满威士忌，山泉涌出柠檬水。我们逐渐理解，这位流浪汉的天堂是一处没有流浪汉的地方。亚历山大·蒲柏总结了这个问题：“难道天堂会奖赏我们 / 用疯癫的凡人都梦寐以求的那些垃圾？”

除了某些有趣的奇怪细节，苏格拉底对死后的描述与我们的现实世界有着错综复杂、千丝万缕的联系。我们的人格受到道德评价，邪恶之人受苦，道德上好坏参半的灵魂必须接受净化，正直的人则走上一段幸福的旅程——地狱、炼狱、天堂。苏格拉底提出的重要的理念是，我们的所作所为确实带来影响，而且是至关重要的影响，且对这些行为的评价不以人生过去的起起伏伏为标准。苏格拉底关于死后的描述不同于先辈们，他认为一个人的寿终正寝绝不是随机的，自己造的业自己受。我们做的每一件事都潜伏着最终的命运：一些事情超过时间，溶解在我们对时间的体验中。人生不是为了让自我活在人们的心中，也不是为了死后能够到达另一个世界。他告诉我们，这个故事的意义在于，"人生在世，应竭尽所能，努力行善，增添智慧。"

苏格拉底真的相信自己所说的关于灵魂和死后的神话吗？或者他只是为自己的理念——好好地活在当下——提供想象的佐证？苏格拉底答道，"当然，有智慧的人不应该认为情况完全如我所说。无论如何，以上所述正确地说明了灵魂及其将来住所的情况。我认为，这既是一个合理的主张，又是一个值得去冒险的信念；冒险本身就是一种高尚的行为。"

*

喝毒芹汁的时刻到了。药性开始发作，从脚趾到头颅，缓慢地麻痹着苏格拉底的身体。他仰面躺下，并用布遮住脸——然后揭开了脸上的布，留下了自己最后的话语，"克里托，我们欠阿斯克勒皮俄斯一只公鸡，记住这件事，千万别忘了。"在希腊神话中，阿斯克勒皮俄斯是医神。公鸡则是病愈后的感恩礼物。长久以来，对于苏格拉底这个虔诚且滑稽的遗命，人们会解读为：人生是疾病，而死亡是解药——这种解释只对了一半。在希腊语中，药物这个词拼作 pharmakon，既可以指毒药，又可以指解药，完全取决于用药的剂量。就好像整部戏剧既是喜剧又是悲剧，这个词在它的语境中既可以指杀死了苏格拉底的毒药（如果只有身体才是苏格拉底），也可以指治疗他的解药（如果他的观点是正确的，真正的苏格拉底乃是他的灵魂）。

早期基督教神学家奥利金曾抱怨苏格拉底和他的弟子“略过上帝已经明示给他们的许多重要话题，而选择了卑劣和无关紧要的思想，还送给医神一只公鸡！”尽管惶恐不安，但我不得不说，奥利金的这番话似乎并未抓住基督教的本质，因为苏格拉底欠医神一只公鸡的笑话，让我想起某种本土化的基督教。苏格拉底躺下后，看起来像死了，但又突然起身——好像复活一样——讲了他那神圣的笑话，表现出他漫不经心的虔诚。当然，耶稣基督的复活没有什么好笑的，但是他的死亡和复活的故事符合标准的喜剧结构，大家都习以为常。你或许记得但丁，他把描写基督教世界观的诗集命名为 *Commedia*（即《神曲》）。苏格拉底死则死矣（不管这意味着什么！），但是因为生病而错过了老师生命的最后时刻的柏拉图最终痊愈，并写成了《对话录》。从这一点来说，我们理所当然欠阿斯克勒皮俄斯一只公鸡！

插曲——欢笑和眼泪

主旨大意是，苏格拉底迫使他们承认，同一个人可能有能力同时写喜剧和悲剧——悲剧诗人可能也是喜剧作家。

——柏拉图

人生到底是一出悲剧还是喜剧？面对人生，普通人应当扼腕悲叹还是低声轻笑？据说认为万物源自火的古希腊哲学家赫拉克利特想起人生就泪流不止；而坚信万物由原子构成，原子是一种不可分的物质微粒的德谟克利特，却总是放声大笑。赫拉克利特与德谟克利特，谁比较睿智呢？

我曾教过一门课，它带给我的悲伤远远多于欢笑。在柯克伍德社区学院，这门课叫做《人文知识入门》——我运用了喜剧和悲剧主题规划了这门课程。我们阅读了索福克勒斯的悲剧《埃阿斯》、亚里斯多芬尼兹的喜剧《利西翠姐》、柏拉图的《会饮篇》、莎士比亚的《暴风雨》；我们听了路易斯·阿姆斯特朗的音乐；我们仔细欣赏了江户时代的浮世绘画家葛饰北斋的画作；我们观看了查理·卓别林的电影《摩登时代》；我们阅读了论述人道的文章，例如亨利·柏格森和亚瑟·叔本华的作品（“据说，世上的快乐多过痛苦；即便不是如此，两者至少也是平分秋色。若是读者想知道这个观点是否正确，就让他比较一下两只动物的感受——一只是猎食的，一只是被猎食的”）。这些名篇的课堂讲授效果，如同在深山布道，珍珠摆在蠢猪面前，简直是对牛弹琴。只有两位同学是例外，其中一位偶尔围绕我布置作业的主题写歌献唱，另一位同学名叫香农·迈克布莱德，二十几岁的年纪，明眸善睐，天真无邪。

有一堂课，讲解完蒙田的文章《论德谟克利特和赫拉克利特》，之后提出问题，“人生是悲是喜？”我要求每个同学都作答。或许这个问题过于宽泛，过于高冷，回答五花八门，要么空洞无物（“有时快乐，有时悲伤”），要么有点阴暗（“或许有些人的生活中有可怕的经历，但我只喜欢看到积极阳光的一面”）。轮到香农发言了。她说，1992 年她随母亲去了波斯尼亚，因为她母亲在国际救援委员会（IRC）工作，负责援助饱受冲突之苦的难民。她到达波斯尼亚时只有 11 岁，萨拉热窝地区内战升级，战事炙热，正值青春期的她在那里度过了 4 年。就像大部分经历过真实恐怖事件的人一样，她语言平实精准，没有多余的形容词，没有煽情。根据她的观察，尽管当时波斯尼亚人民时常以泪洗面，但是欢笑却略微多于泪水。虽然生活已然如此悲惨，但是仍然不失易趣。她承认，“当你正身处苦难之中，不会一直感到乐观，但喜剧十分必要，而且人们的生活中并不缺少乐子。”这位温柔可爱、明眸善睐的姑娘引用了一小段蒙田的结论“我并不认为人性中的忧伤和空虚等量，也不认为恶毒和愚蠢等量。我们并非完全邪恶，也不是完全无知；我们并非恶毒，也不是完全无用……人类独特的状况是这样的，可笑、能笑。”我当时应该让他们阅读克尔凯郭尔的《人生道路的阶段》：“我认为，一个人越经历磨难，就越有喜剧感。只有经历千难万苦才能获得真正驾驭喜剧的能力，具有这种能力，只需要一个词就能如同变魔术一样，把我们称为理性生物的人类刻画成喜剧漫画形象。”

这堂课过后大约一年光景，我在当地的一家餐厅偶遇香农，她在那儿当服务生。如同我的许多学生一样，香农边上学边工作。除此以外，她还需抚养女儿，照顾弟弟。当我问她的近况时，她用自己标志性的凝练语气告诉我，她刚被诊断出罹患癌症。当我向她表达关切时，她只是微微一笑说，“我的人生中有过比患癌更糟糕的时刻，我会努力克服的。”

我很开心地告诉诸位，香农的癌症已经成功治愈了，正在申请攻读心理学专业的研究生。我们上次交谈时，我问她这些年来如何兼顾学业、癌症、工作以及家庭。她用明亮的眼睛看着我说，“我当时只是疲于应付。现在回想起来，‘哦，上帝啊，这种事竟然发生在我身上！’”这时我们俩都大笑起来。

*

在柏拉图生活的时代，讲故事的诗人或是写悲剧，或是写喜剧。悲剧以忧伤结尾，欣赏悲剧，恰当的反应是扼腕叹息，担忧恐惧，而生理反应就是流眼泪。而喜剧则恰恰相反，故事都以大团圆结尾，与之相配的情感就是放声大笑。《斐多篇》记录了苏格拉底之死，四段对话构成结尾高潮，那么它到底是喜剧还是悲剧呢？让我们再回顾一下剧情：一个好人蒙受不白之冤，被迫服毒自尽。很明显，这是一出喜剧。

奇怪的是，苏格拉底的朋友把它解释为悲剧。当苏格拉底平静地饮下毒芹汁时，他们开始失声痛哭。苏格拉底批评他们误读了这出喜剧。《克里托篇》里，苏格拉底凛然地宣布墨勒图斯和安尼图斯可以杀死他，但他们无法伤害他。苏格拉底知道自己一无所知，他的信条中，除了我们自己，任何人都不能伤害我们。所有灵魂都需要过上良善的生活，其余都是次要的事情。苏格拉底一直都知道——他的朋友们也应该知道——他会死去。直到临终，他一直过着良善的生活。如果说有幸福结局的话，苏格拉底之死就是如此。

*

柏拉图的对话录里，贯穿始终的一条主线就是苏格拉底，他漫不经心的谈话超越了所有关于柏拉图哲学的争论。我每年都能看到类似的论文，例如，信奉基督教的学生认为苏格拉底是一名隐匿的基督徒，穆斯林学生则认为苏格拉底是一名穆斯林，无神论者认为苏格拉底信奉无神论，自由主义者强调苏格拉底性格中的自由主义，保守主义者则嗅到了苏格拉底身上的保守主义气息。我认为他们的观点都对，也都不对。正确，因为每个观点都紧扣自己的性格；错误，因为他们都没有看清全局。这就是生活。但他们的错误都是可以原谅的，因为似乎只有柏拉图一人完全理解苏格拉底。

苏格拉底既是理想主义者，又是现实主义者；他超凡脱俗，但比其他热爱生活的人更加享受这个世界；他支持言论自由，但捍卫审查制度；他既善于交际，又归隐修行；他既赞赏无政府主义，又捍卫法律；他和蔼可亲，平等对待每一个人——奴隶、智者、诗人、政客、将军、士兵、儿童、妓女；他嗜酒如命，却克己禁欲；他是一个理性主义者，还是一个诗人；他是最骄傲自豪的人，也是最谦逊虚心的人；这一切都看似矛盾，但所有矛盾都在苏格拉底身上得到对立统一——他是一个真实可信的人。我想不出他有哪一条性格特征没有对立面。如果你在苏格拉底身上找不到自己性格的影子，这是因为你没有对照比较，尽管一般说来，我们的性格更多地体现在同他谈话的人身上，他们往往笨手笨脚，装模作样。不久前，一位文学研究学者出版了一本书，他认为莎士比亚既是悲剧大师，又是喜剧大师，在他的戏剧中，他将人类本性的方方面面都刻画到诸多角色身上。柏拉图也做了同样的事情，这么夸赞一点也不为过，但是他只用了一个人物就刻画了人类本性。柏拉图成功地写了一个故事，如同生活本身，可以被视为悲剧或喜剧——这取决于你如何去解读。他还发现了一种方法,通过描述一位智人就总结了人类本性。苏格拉底的智慧不仅仅在于他意识到自己很无知，而在于他不受半真半假的镣铐束缚，在生活中完美诠释了人性的光辉!

第二部分

幸福是什么?

我们关注的绝非微不足道的小事，我们说的是人应该如何度过自己的人生。

——柏拉图

我很内疚地问了学生一个问题：如果医生今天告诉你，你很可能仅剩一年的时光了，你该如何度过这最后的时光呢？目前为止我得到的最佳答案既富有启迪作用又充满趣味，那出自我最喜爱的学生之一，丹·威肯坎普。

第一次见到丹时，他就引起了我的注意。他身材高大，健硕，剃着光头，俊朗中透着几分诡异，既给人一种不祥的预感，又透露着父亲般的慈爱，我想他之前应服过兵役或在建筑业工作过。一天下课后，他上前和我交谈，我才第一次发现在他健壮的外表下闪烁着智慧和好奇的光芒。我谈了一些奥利弗·萨克斯医生的奇特病例，奥利弗是神经生物学领域的谢赫拉莎德。丹急切地问我是在哪里看到这些病例的。我告诉他可以在《错把妻子当帽子》这本书中找到，另外《火星上的人类学家》也是一本很棒的书。以上这一切都发生在一个周五的下午。接下来的周一下课后，他又找到我，问我关于神经生物学他应该读哪些书。我重述《错把妻子当帽子》和《火星上的人类学家》这两本书。他不耐烦地摇了摇头，这两本书他周末已经读完了，他想知道还应该读些其他什么书。

一次，我把印好的菲利普·拉金的《晨歌》分发给了丹和班里的学生，让他们阅读，希望这首诗能够传达出伊壁鸠鲁唯物主义的黑暗一面——“我整天工作，晚上喝个半醉 / 凌晨四点醒来，我凝视着无边的黑暗”——我认为这首诗要表达的思想是不言而喻的。大声朗读过后，全班气氛融洽，精神高涨。我问学生们感想如何，忽然间，班上最好的和最差的学生都失去了信心，班里的热情逐渐消退，仅剩下一片沉寂。我只好快速总结了一下这首诗，心里想这真是太失败了。

四年后，丹敲开了我办公室的门，想和我叙叙旧。他成为了一名脊椎按摩师，在澳大利亚四处游历，并已经恋爱结婚。“你还记得你给我们的那首诗《晨歌》吗？”他问。我一直压制着那段记忆，但一瞬间全想了起来。我做好了准备，不知道接下来他会说些什么。“你刚给我们的时候，这首诗着实令我困惑——例如，为什么邮递员会像医生，”他说，“但有几行诗一直萦绕在我心头，我觉得这首诗一定有些要传达的思想。于是，我把这首诗贴在了镜子上，在过去的四年中，每当我刮胡子的时候就会阅读思考。在这期间，我还读了拉金的其他一些诗歌，并从中认识了威斯坦·休·奥登，他引导我广泛涉猎，我还了解了一位名叫罗森斯托克·胡赛的哲学家。现在，我想我已经做好准备谈论这首诗了。”我们早该谈论了。

四年前，丹在回答该如何度过最后时光这个问题时，他的声音很激动，带有一种男中音般的低吼。他说：“前九个月，我将陷入一种狂欢的状态：我会尝试各种我想尝试的兴奋剂，疯狂地追求性爱，尽情享受大块的生牛排和巧克力，跳伞，飙车，抽烟；当我从宿醉中醒来之后，在最后三个月的时间里，我会把所有的时间和金钱捐赠给慈善事业。为了以防万一，我会信仰基督教，向上帝祈求宽恕。”面对即将到来的死亡，有人会选择丹那样的活法，我一点也不惊讶。他整天醉酒，夜晚祈求救赎。丹在班里的回答似乎揭露了真理，是对柏拉图的人类幸福观的具体化。

在《理想国》一书中，柏拉图的弟弟为了诘难苏格拉底，讲述了一个神话故事：裘格斯的戒指。裘格斯是吕底亚国王手下的一名正直的牧羊人，一次地震使地面裂开了一条缝，裘格斯发现裂缝中藏有一具巨大的尸体，手上戴着一枚金戒指。他取走了戒指，戴在手上随意转动，裘格斯发现当戒指上的宝石转向内侧时，他就会隐身，宝石重新转向外侧时，他就会再次显现。在这个故事中，柏拉图为我们留下了一些遐想的空间。不难想象，有了这种隐身的本领，这位牧羊人可以肆无忌惮地偷看佳人的裸体，盗取一些小玩意，制造几出恶作剧，似乎无所不能。最终，他利用这种本领勾引了王后，杀掉了国王，夺取了王位。而拥有这种本领的好处就在于，他既不会失掉信誉，又可以永远保持体面的形象。在隐身的状态下，他可以做任何邪恶的事情，而现身之后，他仅仅是一个幸运的牧羊人，凭借自身努力功成名就。这不就是我们所能想到的最好的生活吗？可以做任何想做的事，而不用付出任何代价。

和柏拉图作品中许多看似奇妙的神话故事一样，反思后我们意识到，裘格斯的这个故事比意大利的新现实主义电影更具自然主义风格，比真人秀节目（特别是我们这个时代的）更加写实。电脑和电视为我们打开了一扇神奇的窗户，我们隐身于发光的荧屏背后，看尽想看的一切。大多数的脱口秀节目为我们窥探私人、家庭内部纷争，提供了正当的渠道。在无人看见时，我们会制造恶作剧，偷些小玩意。色情文学为摄影、电视、电脑的发展秘密地提供了动力。当荧屏上的性感女郎转头注视我们时，她们其实什么也看不到。最近，一位有权利的政府官员发言，说必须要“整治黑暗面”，但他的这种诚信令人质疑。我们太过于隐身，有时甚至不清楚自己到底都干了些什么。裘格斯是真的开心吗？请你告诉我。

苏格拉底从这个故事中得到了深刻的见解，即人的灵魂是错综复杂的。我们想同时拥有相互矛盾的事物，既想要善又想要恶的。他把人的灵魂分为三个部分：欲望、激情和理智，与之相对应的是人的肠胃、心和大脑。肠胃想消化东西，害怕被剥夺和受伤害。心想要得到认同、荣誉、赞赏和成功，害怕一切相反的事物。大脑仅仅渴望真理和善。简而言之，我们的肠胃想要丹前九个月的那种生活（或许我们四分之三的心理都沉迷于享乐）；而我们的大脑（体积相对较小）渴望丹的最后三个月的生活，因为致力于慈善事业象征着善。与此同时，我们的心在两者之间摇摆不定，但大多数情况下，会驱使我们寻求短暂的快乐，追求毫无价值和意义的赞赏。我们的灵魂内部不和谐时（事实总是如此），理智就会采取合理的对策来抑制欲望，不让欲望牵制我们的生活。

据苏格拉底说，大多数人对幸福的理解都是片面的，并没有从整体上感知幸福。我们想知道该如何来度过时光，但答案绝非是满足我们的肠胃、心和大脑，抑或是身体的任何其他器官。真正的幸福应隶属于一个完整的人，属于整个灵魂。

跟随苏格拉底的脚步，我们发现哲学的核心问题在于，如何成为人生的演奏家，如何实现个人灵魂的和谐，柏拉图认为这同样适用于协调政治领域的党派纷争。这个可爱的古希腊词汇 eudaimonia，通常被译为幸福（我们的朋友“daimo”位于该词的中心），意为在神灵的庇佑下，各个阶层都安宁康乐，精神饱满。柏拉图伟大的学生亚里士多德，甚至曾好奇人的一生是否足够来衡量幸福。或许，判断你是否幸福，要看你的子女在你死后的表现，因为你的生活会映照在他们身上。

3. 伊壁鸠鲁的极端唯物主义

祈求和平、恩典和精神食粮，

祈求智慧和指引，以及一切美好的事物，

但不要忘了还有马铃薯。

——佩蒂

我们有很多证据支持柏拉图的观点，即民主体制下的生活是由肠胃所主宰的。“消费主义”往往是我们痛苦的代名词。我们灵魂中代表肠胃的那一部分渴望反复进食、排泄。就好像得到了点石成金的本领，把每样东西都变成了可消化的。我们获取各种各样的衣服、家具、艺术、政治——迅速把它们消化，而后心生厌倦，再疯狂地找寻新一轮的事物。我们渴望获取一些丑闻、戏剧和新闻——在狼吞虎咽过后，抱怨腹痛，消化不良，但紧接着又渴望拥有更多。我们还消化各种歌曲、电视节目、电影和社会名望。休闲娱乐似乎成了定义流行文化的标签，其保鲜期比酸奶还要短。如果拥有钱和权的话，我们将会购买汽车、房子、游艇、摩天大楼，甚至是地球本身。当代哲学家迈克尔·桑德尔在《金钱买不到什么》一书中写到，富裕的说客们付钱给穷人，以确保他们在国会听证会的地位；小学生们读书是为了得到钱；更可怕的是，一位手头拮据的单亲妈妈为了赚钱供孩子读书，竟把网上赌场的网址永久地文在了前额上。更遗憾的是，一些人甚至把诗歌和哲学变成了可消费的：这些学科经常被一些精神界的“摇滚明星”主导。正如布鲁斯乐者威廉·克里斯多夫·汉迪，近一个世纪前说的那样，“从不含牛奶的奶制品，到不含蚕丝的丝织品，我们对没有灵魂的灵魂也见怪不怪了。”

面对我们的疯狂，其中一个对策就是信仰一种宗教，即一种精神疗法。在这方面特别流行的就是各种佛教和道教的西化形式，宣扬摒弃欲望，把握当下。但是，当你看到“佛教徒”重返职场，富裕的郊区居民在做了半小时的冥想后，又陷入了无尽的追求，不觉得荒唐可笑吗？西方的一神论也与精神疗法结合成四不像。我们进行的是一种复杂的精神疗法，就像沉迷于兴奋剂的某人，也需要偶尔服用一些镇静剂。当然了，也有许多人略过了“精神鸦片”，直接寻求毒品的帮助。

在这种背景下，支持宗教应采取更加严格形式的人，对现代化进行了抨击，他们提出了精神等级，作为更改方案。虽然正统的上帝信仰者之间存在差异，但他们都认为，唯物主义是损坏灵魂幸福的关键因素。让我感到无穷好奇，并觉得可行的是伊壁鸠鲁的观点，他深刻地抨击了我们的生活方式，并让我们做出改变，不用厌恶财富，活在物质世界的现实之中就好。

*

伊壁鸠鲁（约公元前 342–270），在柏拉图去世七年后，出生于希腊的萨摩斯岛。年轻的时候来到了雅典，但一年后，他和其他一万二千名贫民被安提帕特流放了出去。之后，他搬到了克勒芬，在那里学习了唯物主义哲学，并于公元前 307 年重返雅典。在他余下的时光中，他在一个带有花园的房子中讲学，他不参与政治，提出了一套精巧的、极具人道主义的幸福论。他那散发魅力的公社由于有他的妻子、兄弟和亲密的朋友（既有男性又有女性）的加入，而充满欢乐。正如《大不列颠百科全书》（第 11 版）的一位匿名编纂者写的那样，“两性之间的关系可能不完全是柏拉图式的。但是从另一方面来说，毫无疑问，伊壁鸠鲁的反对者诽谤他放荡淫乱的故事是毫无依据的。”

伊壁鸠鲁死于肾结石，但奇怪的是，他似乎优雅地承受了一切痛苦。他临终前给一位友人写信，信中说道：“在我一生中真正幸福的这个日子，在我即将死去的时刻，我给你写这封信。我的膀胱和胃一直遭受病痛的折磨，丝毫未减轻，但尽管有着这一切，我心里却追忆着与你交谈的乐趣。”伊壁鸠鲁最后的遗愿是，在他死后每年为他庆祝生日。这一点我觉得很有趣，因为他忠实地践行了苏格拉底的观点——死亡是无梦之眠，因此这点我们无需担心。伊壁鸠鲁近代的一位学生杰里米·边沁，是19世纪的功利主义者。按照他的遗愿，他的身体将用于科学事业，他的头颅应小心地安放在填满稻草的衣服上，大学理事会召开会议时，他的“遗体”应带到会议室，这象征着“边沁本人出席，但不参与投票”。请想象一下，他的头颅曾多次被学生盗走，损坏，为了保险起见，学校把它锁了起来，现在用一个蜡质的头颅来代替他出席会议。这一切足以使人成为一位二元论者。

对于哲学圈外的人来说，“伊壁鸠鲁派”指的是热爱精致的佳肴和美酒，这在伊芙·米朗德一类人的身上得到了很好的诠释。伊芙·米朗德是20世纪法国的剧作家和生活的热爱者。他的朋友李伯龄在回忆录《两餐之间》中，刻画了他的形象。这有一则米朗德的轶事：

在圣奥居斯坦的一家餐厅里，米朗德先生的一顿午餐，使他的法国和美国后辈眼花缭乱。他的午餐包括巴约拿火腿、新鲜的无花果、面包夹热肠、裹着浓郁玫瑰奶油酱汁的梭鱼片、点缀着凤尾鱼的羊腿肉、鹅肝配洋蓟，另外还有四五种奶酪、一瓶上好的波尔多葡萄酒和一瓶香槟。过了一会儿，他又要了一杯阿马尼亚克酒，并提醒老板娘晚饭准备好她所承诺的云雀和食米鸟，另外准备一些龙虾和比目鱼——当然了，还有由野猪仔制成的精致食物，或者小野猪肉，这小野猪是他的爱人从他所居住的索洛涅送来的。一次我听他说：“我们有好几天都没吃过丘鹬和烘焙的松露了，酒窖也变得不体面了——三四年的红酒没有了，三七年的也快没了。上周，我给了出版商一瓶好酒，这显然有点太贵重，因为没有合适的酒，我只能在无理和奉承之间做出选择。”

但事实上，按照哲学流派的标准来说，米朗德并不是一个合格的伊壁鸠鲁派。因为，正如伊壁鸠鲁说的那样，“愉悦的生活并不是不停地饮酒作乐，也不是享受大鱼大肉或山珍海味。”愉悦的生活需要有清晰的头脑，明白究竟什么能带来稳定的、真正的快乐。太多时候，我们就像每顿饭想吃冰淇淋的孩童一样。冰淇淋的味道着实美味，但是，想吃冰淇淋的感觉，并不会随着冰淇淋在舌尖的融化而消失。当我们考虑过不停想吃冰淇淋的副作用后，我们意识到孩子的愿望其实是事与愿违的：因为这并不是一种快乐的体验。我确信相对于伊壁鸠鲁的适度节制，李伯龄更喜欢布莱克的“离经叛道是通向智慧之宫的必由之路”，尽管如此，他还是忠实地记录了米朗德身体的损坏，令人诧异的每餐所带来的副作用，以及所有的原始乐趣消失后所带来的持久痛苦。

但是，如果我们把伊壁鸠鲁的观点理解为——“如果我们能和米朗德吃的一样，并不受疾病的困扰，那就太好不过了。但是考虑到我们的身体机能，这是不太可能的，所以，我们必须坚持适度原则。”——那就是我们的误解了。伊壁鸠鲁真正的观点在于，我们最深层的快乐源自于对维持生命最基本欲望的满足。我本人也算得上是一名厨师，对美味佳肴也毫无抵抗力。但是，我最享受的味觉体验，是品尝到从庭院里采摘的第一个时令草莓时。每一个草莓都有独特的形状，成熟的红色中时不时夹杂着月光白的斑点，草莓籽是金黄色的，还有一顶柔软的绿色小帽子。草莓的清香使我直流口水，齿龈酸疼。放一颗在嘴里，慢慢咀嚼，甜美无比中品到了法国人说的“土地的芬芳”。草莓柔软的果肉使我想到了阳光和雨露。我陷入了无边的遐想，我觉得自己正在品尝一件上一年的艺术品。一个草莓就足够了，剩下的我要留给我的孩子和小兔子们享用。

伊壁鸠鲁最喜爱的食物就是全麦面包、泉水和新鲜的蔬菜。这些食物既容易获取，又能促进我们的健康。“生活在贫困中的人，仅仅是享用到大麦饼和水，也能获得巨大的快乐。”当然，巴约拿火腿配凯歌香槟也有一席之地，因为“节俭也是有限度的，过度节俭和过度奢侈一样，都是错误的。”奢侈依旧要保持奢侈，并作为健康饮食偶尔的点缀。据说，伊壁鸠鲁偶尔的盛宴是一片干酪和半品脱酒。

伊壁鸠鲁哲学的基本原则是：愉悦是善，痛苦是恶——这或许是所有哲学中最明智的。从某种意义上讲，伊壁鸠鲁所有的哲学观点，都是对这条基本真理的严格、合理地应用，甚至刚出生的人似乎都能看得出。伊壁鸠鲁给出了善的意义，“如果抽掉了味觉的快乐，抽掉了听觉以及视觉的快乐，我不知道我还怎么能够想象善。”这就等同于，我们无法想象天堂中没有挥动的翅膀，没有性爱和巴赫的音乐，或者地狱中没有刑罚。

但是，由于我们欲望的类型不同，“愉悦是善，痛苦是恶”这项原则是很复杂的。伊壁鸠鲁区分了三种不同类型的欲望：（1）自然的和必需的，这种欲望维持了我们的健康，使我们内心宁静（例如，饥饿时对食物的渴望，或者对胜利的渴望）。（2）自然的但却不是必需的，这是我们对自然的欲望的延续（例如，我们想吃鹅肝配洋蓟，或者想喝可乐）。（3）既不是自然的又不是必需的（例如，我们对金钱、名誉和权利的渴望）。但最大的问题是，我们的欲望会从第一类逐渐延伸到其他两类。我们对母乳的自然渴望，会变成对冰淇淋的巨大渴望。享乐主义的原则就是要学会节制，摒弃过度的欲望，重新回归到最原始基本的欲望，这才是幸福的真谛。就像梭罗曾说的那样：“简单，简单，然后再简单。”

伊壁鸠鲁所说的，判断欲望是好是坏有一个简单方法，那就是看它是否是有节制。有节制的欲望是好的，会给我们带来幸福。我们满足欲望后，就不再有过多需求。水的确能够解渴，当我们喝饱之后，就不再需要。正因为如此，薯片从不会为我们带来真的快乐：我们总是想再来一片，即便有时我们已经吃的不舒服了。不只是食物，一双好鞋本应该使我们感到满足，但是我们想拥有更多双鞋。事实上，这和吃薯片是一个道理，多少双鞋子都无法满足我们的欲望。

每个人似乎都是这样。我们每天早上“需要”一杯咖啡，我们“需要”汽车和互联网。但事实上我们并非真的需要。严格来讲，我们所需的仅是能够给身心带来营养和愉悦的事物。很显然，有一些人不沉迷于咖啡因，每天走路上班，并把时间花在其他方面而不是电脑上，他们并非活得不快乐。

我们生活在一个追求既得利益和欲望横行的社会——即一个需求无止境的社会。如果伊壁鸠鲁是正确的话，那么大多数的社会都是如此。因为问题出在，大多数社会是建立在人的欲望之上。毫无疑问，我们现在已把这个问题提升到了新的高度，因为科技的力量和经济实力使这个问题更加严峻，从摇篮到坟墓，我们的欲望一直被操控着。有趣的是，尽管有时广告仅为我们提供了商品和销售的信息，但大多数广告都含有形而上学的意味。例如，“拥有才能够了解”“服从你的渴望”“活得更精彩”“想做就做”“就是可口可乐”。一则有关搜索引擎的广告令人毛骨悚然：“我们能搜索你的想法。”广告试图从根本上重塑我们对现实的理解，因为其本质就是让我们购买原本不需要的东西——通常甚至是我们不想要的。

伊壁鸠鲁派对我们社会的批评有一种讽刺意味。事实上，我们都是不良的消费主义者。我们算不上真正的唯物论者。因为只有傻瓜消费者才会吃一些令自己不舒服、发胖和不快乐的食物。也只有傻瓜唯物主义者会大量购买一次性劣质产品。明智的消费者只会享受让大脑和肠胃舒服的东西。真正的唯物主义者会衡量物品的价值，而后挑选出最好的。真正的唯物主义消费者会用合理的方式控制身体的欲望，摒除那些不合实际的欲望。

我们甚至不曾正确衡量货币的价值。我们应视货币为商品交换的媒介，只有在获取我们所需商品时才有需要。今天，我们每个人都至少拥有一张信用卡，但回顾过去，令我们感到震惊的是，历史上的大多数时候，放高利贷和贷款收取利息却是遭到猛烈抨击的行为。但是，我们有一种强烈的倾向，认为货币不仅仅是一种便利的交易工具，它还有别的用途，这种想法将会损害我们健康的生活方式。近来，关于衍生品市场的讨论有很多，投资者可以将市场本身作为投资标的。货币是最早的衍生品市场。货币一旦变成了欲望的目标而不再仅仅是购买商品的工具时，我们就进入了一个抽象的价值世界，我们的灵魂将永远无法得到满足。如果光想到获得百万美元意外之财会使你兴奋的话，那你就不是真正的物质主义者，你只是一位抽象主义者，被幻想所驱使而并非现实。事实上，你赢得百万美元的表现，应和赢得百万支牙膏的表现是一样的。一个最明智的回答就是："我并不需要百万支牙膏（或百万美元）；只要够我刷牙的量就行（或满足我真正的需求），多几支备用也可以，但剩下的真是个大麻烦。"

这种病态的永远无法满足的欲望，其极致形式体现在我们与死亡的关系上。伊壁鸠鲁派认为永生不论采取何种形式，都是不好的欲望。无论是渴望无尽的天堂，还是物质主义者主张尽可能活得久一点——像伍迪·艾伦说的那样，"我不想通过作品实现不朽，我想通过不死来实现。"抑或是，斯特兹·特克尔过去开玩笑说的那样，"谁想活到九十岁？任何一个八十九岁的人。"但是，事实上，正因为生命是有限的，才显得弥足珍贵。当我们依靠预支未来过活时，我们很容易耗尽所有的财富。伊壁鸠鲁的自然的欲望并不是仅仅为了生存。当然了，自然的欲望维持了我们身体的正常机能。但是，伊壁鸠鲁认为，仅仅渴望生存是完全愚蠢的。他曾精辟地说过，“一些人会倾其一生寻找生命的意义，因为他们不知道，我们一出生时所签署的协议，其实就是死亡协议。”以理性的热情去拥抱生活，其实就是接受生命是有限的这一事实。

作为一位唯物论者，伊壁鸠鲁认为死亡与我们无关，因此不必悲伤。想一下我们出生前的样子：那对你来说是一段艰难的时光吗？你不应惧怕死亡，就像你不应为你未出生前的日子感到遗憾一样。“当我们在世时，死亡不会来；而当死亡来临时，我们已经不存在了。”为什么要担心与我们无关的事物呢？当你得到一瓶美酒时，尽情品尝就好，没必要要求酒窖有无穷尽的供应，也无需为酒窖终将空空如也而焦虑不安。尤其当你在临终前刚好喝完最后一滴酒时更是如此，甚至不用担心宿醉的痛苦。

*

伊壁鸠鲁学派，作为唯物论者，不仅有道德层面的意义，还有形而上的意义，他们坚信世界是由原子、虚空和运动律构成的。简而言之，任何事情都是偶然演化的结果。这一观点经常受到社会上一些宗教信徒的抨击，他们认为这个世界——至少是一些难以复制的复杂事物，例如眼球——构造极其精巧，只有巨大的智慧才能设计出，也就是上帝。这些信徒认为，如果世界是偶然演化的结果，那么任何意义和价值就不复存在。他们认为无神论的唯物主义者使人们的感恩之心干涸，不再感激这纷繁美丽的存在。

我很好奇，无神论的唯物主义和传统的神学是否关注的是同一问题。基督教神学家认为，上帝从无中创造了世界。换句话说，上帝造物是一种恩惠。他创造犀牛就像孩子画独角兽一样：这个独角的生物源自孩子们无穷的创造力。宗教信徒认为我们应该心怀感恩，因为每一分钟都是上帝赐予的礼物。伊壁鸠鲁学派认为这个世界的形成纯属幸运，但也很珍惜。你可以想象一下，一束原子在宇宙任意运转，不知怎么地就在窗外——在我写作的时刻——创造出了一只歌唱的画眉鸟，它的歌声传到了我构造精致的耳中，让我想起了水滴在石头上的声音。这个无目的的物质世界奇迹般地创造出了我和你这种有目的的生物，更不用说还有像犀牛一样的奇怪的野生动物。像皮埃尔·阿多说的那样，“伊壁鸠鲁学派快乐和宁静的奥秘，是把每一个当下都看做是生命中的最后一刻，把每一刻当成呱呱坠地的那一刻。”

宗教信徒的另一普遍担忧是唯物主义会损坏道德。伊壁鸠鲁恰恰持相反观点：有节制地追求享乐会使我们接近道德家的生活。我们为什么不能说谎？原因很简单：撒谎使我们感到不快乐。讲实话和锻炼身体一样，刚开始可能会受苦，但总的来说受益无穷。不道德是一种幼稚的行为：为了从困境中解脱，我们干了一些坏事，但这些坏事却让我们难上加难。事实上，正义和快乐两者是相互促进的：我们活得越快乐，就越不会做坏事。而当我们做正确的事时，我们就会越快乐。慢食运动（现代的一种伊壁鸠鲁运动）的发起人卡罗·佩屈尼，也发现了同样的观点，“我渐渐明白，为他人牺牲，对人性的危害反而大于自己享乐。愉悦可以让你与他人达成共识。”温德尔·贝里是小农场和快乐生活的拥护者，他也很好地诠释了这个观点，“道德价值、实用价值、精神价值、美学价值和生态价值，说到底关心的都是生活和健康这同一个问题。例如，对于一个有德行的人来说，现实问题和精神问题并没什么区别；只有腐败能看出一个人的不同。”

据伊壁鸠鲁所说，生活中的需求是很简单的。我们需要有人陪伴。我们所需要的不是兴奋剂带来的短暂快乐或者长期去体验浪漫爱情的波澜起伏，而是友谊带来的稳定的快乐，或者，至少是融合了友情的亲情和爱情。伊壁鸠鲁说道，“在确保毕生幸福的众多途径中，最重要的是多交朋友。”我们需要一份好的工作来实现自身价值，满足生活所需。一份理想的工作可以是从事自给自足的农业，这就同时满足了两种需求。任何一种工作，只要既令自己满意，又不扰乱内心的平静都是可行的，我恰好知道一种。我们需要食物和水，简单的衣服，还有聊天的乐趣——最好是有关哲学的。有挡风遮雨的地方固然不错，但若天气晴好，仰望星空也是一件美事。远离让你头疼的政治生活，但是，如果你必须要和一群人生活在一起的话，那就制定出好的法则，保证每个人的利益。因为，“公平的生活与快乐的生活是密不可分的”。“感谢大自然的恩惠”，伊壁鸠鲁说，“因为她让人们容易取得日常必需之物，不容易取得非日常必需之物。”

不得不承认，在现代，伊壁鸠鲁的这种理想比在他的时代甚至六十年前，更难实现。伊壁鸠鲁所说的“自然财富”——面包、友谊、人本文化和水，是很容易获取的。但是，徘徊于超市的走廊，想找寻便宜的食物，向你呼唤的不是水果和蔬菜，而是薯片——这多亏了富有讽刺意味的“自由市场”。此外，如果你购买便宜的食物是出于经济窘迫，那么有可能因为你上夜班而你的爱人上白班，你无法坐下来与心爱的人一同进餐。有时，似乎只有中上层社会才有金钱和时间，与朋友和家人一起享受简单天然的食物。

尽管我们的公共生活已经趋于商品化，但我内心谨记伊壁鸠鲁的生活智慧。在希腊，他奉劝人们远离“政治生活”——我们今天更习惯称之为“主流文化”。重点不在于我们身边的人事物在兜售叫卖或宣传什么，而在于我们自身的态度。我们必须抵制欲望，专注于重要的事情，理性地生活；而做这些事根本不会花费太多钱。但是，既然我们已经参与到了政治生活中，那就应该制定一些合理的法律，使其符合公民的真正利益。我有的学生在贫困生活中挣扎，有的学生过着体面的生活。但在我看来，这两类学生在追求幸福生活的过程中并没有什么差别。

*

很幸运我能认识西蒙尼·狄雷特，并在她那儿工作。她来自法国，曾经在爱荷华大学教了很多年法语和文学。退休后搬到了乡村的一座小房子里，并在那里开了一家独具风格的餐厅，名叫西蒙尼的简朴餐厅。最近，她缩短了餐厅营业时间（七十岁的她仍热衷户外极限摄影）；此前，餐厅正常营业时，会从三月底一直经营到十一月，每周五、周六或偶尔周一的晚上都开店。如果你想开一个八到二十人的聚会，就必须要预定整个“餐厅”——也就是她的房子，通常要提前好几个月预定。我曾在那儿用过几次餐，我和西蒙尼很合拍。当她发现我对法国料理很感兴趣，并能快速制作法式乳酪泡芙和芥末兔肉时，便问我是否能偶尔过去帮帮忙。

这个地点很特别，是一家开在铺满砾石的小路旁的法国餐厅，一个伫立在空旷的田野（距卡罗纳几公里远）的小酒吧。西蒙尼筑了一个砖炉，上面刻着“面包万岁”。精致的面包和比萨饼就在熊熊的炭火中烤制而成。温暖的夜晚，客人们在一个装着纱窗的门廊里用餐，向外眺望，可以看到开满野花的田野。正如餐厅的名字一样，食物并不需要太花哨，但对于把马铃薯当成高档菜肴的顾客来说，这已经是难得的美味了。在条件允许的情况下，西蒙尼会从广阔的花园中采摘原材料，制作面食、炖肉、椭圆面包、辣白菜和法国当地的小点心。卢梭认为，如果一年到头都吃一些不新鲜的水果和蔬菜，我们将付出巨大代价。西蒙尼也十分同意这个观点。她并不是完全讨厌新式料理，事实上，相比于奥古斯特·埃斯科菲，她更喜欢爱丽丝·华特斯。但她不喜欢当下的流行趋势，试图把不同的风味混合在一起，使其变得复杂。她发掘的是高质量的原材料所带来的醇厚美味，秉承意大利人的理念——insaporire（散发食物的风味），要想让食物释放出最浓郁的味道，需要精心地烹饪，还要用少量但高质量的时令食材。在西蒙尼看来，晚餐的核心不单单是食物本身，更重要的是有朋友或家人的陪伴所带来的欢乐，以及散发出的人文情怀。就像伊壁鸠鲁简单而平淡的话语一样，“在用餐之前，仔细想一下有谁在身边陪你：因为没有朋友陪伴的生活，好似活得与狮子和狼一般。”

在西蒙尼的餐厅做完晚餐后，我已经筋疲力尽。这项工作不只是为二十个人烹饪几道菜肴那么简单，可即便是这样也够让人忙活一整天了，更不用说我是上完课后过来的。每一位在西蒙尼餐厅工作的人（包括七十岁的西蒙尼）要亲手做一切工作：布置餐桌、随桌服务、清洁餐具、除草、采摘蔬菜、往壁炉里添柴，还有一些不寻常的工作，例如宰杀鸽子并拔除羽毛（这是为了制作一种美味的馅饼，摩洛哥人称之为 bisteeya）。

一天晚上，经过了一天的工作，甜点已经准备好了，只剩下几道尚未完成。在完成自己的任务之后，我的身体虽然劳累，但十分的满足。我留了一块生面团，给自己做了一个比萨饼，把它放入了将要熄灭的炉火之中。太阳快要下山了，爱荷华广阔无垠的天空被染成了浓烈的粉紫色——比炉火中的颜色更加鲜艳。西蒙尼的房子坐落在山丘顶端，我抬头望向绵延起伏的丘陵，上百万只萤火虫忽明忽暗，像一个新的星群。我的四周被乡村的宁静环绕着——这种宁静来自昆虫的嗡嗡声和蔬菜叶子的沙沙声，虽然我依旧还能听到门廊里的谈话声和酒杯碰撞的声音。

自然与文化不是对立的，与自然对立的是坏的文化。在那一刻，自然与文化完美地融合在了一起：炭火和面包（和伊壁鸠鲁的面包一样，掺杂着大麦）散发着芳香，蟋蟀与人的欢声笑语相和谐，和西蒙尼的友谊让我走出了内心的孤独。我似乎拥有了一笔巨大的自然财富。但是，那一刻我并不想大声喊出，“Verweile doch/Du bist so schön”（停留片刻 / 你是如此美丽——歌德），即便我的脑海里满是时光流逝。我很高兴能够做这一切，并渐渐感到了一丝困意。萤火虫和比萨饼令我无比满足；此外，西蒙尼为我斟的半品脱酒，更让我心满意足。

能有这样的体验，人生夫复何求？

4. 斯多葛学派的神秘自由

请赐予我一个不乏味，

不抱怨、牢骚或是叹息的灵魂

请不要让我天天想着，

那个称为“我”的威气凌人的生物

我的主啊，请赐予我幽默感，

或许我就能发现生活中隐藏的欢乐，

并把欢乐传递下去。

——托马斯·莫尔

有时，人们会给内心的愿望披上宗教的外衣，比如，学生们在考试之前往往会做祈祷，这样做有何不可呢？有时候祷告是最有意义的。现实总是瞬息万变，因此祈祷变得必不可少。当听到一个心爱的小孩陷入昏迷，即便是最坚定的无神论者也会为之动摇，向神灵祈祷。在死后，如果我的灵魂遇见了上帝，他告诉我，的确，凶险的恶魔是生活中必不可少的一部分，我想我还是会祈祷他们不要出现。阿方索在12世纪曾声称，“如果上帝在创造时询问我的意见，那么许多事情将会变得更加有序。”真不知道他是虔诚还是不敬。

祈祷如果应验，自然会让我们产生幸福感，而当事与愿违的时候，我们确实会感到不开心。然而，斯多葛学派却认为幸福恰恰是相反的。爱比克泰德用一句话总结了斯多葛主义的核心，“不要让事情顺着你的心愿发展，要让它们顺其自然，这样你才会过得安稳。”幸福不表示事事顺心，自由也不代表随心所欲。关于幸福和自由正确的祈祷是：愿你的意志得以成就。

*

公元前四世纪末，出生于西提姆的芝诺，遭遇船难后流落到了雅典。他蹒跚地走进一家书店，开始阅读有关苏格拉底的书籍，当时他受到了极大的鼓舞，并询问在哪儿可以见到像苏格拉底一样伟大的人。店主指引他去寻找犬儒学派的克拉特斯，他是一位睿智、快乐的哲学家，生活却极其贫困。芝诺立马拜他为师。一天，克拉特斯给了芝诺一碗热腾腾的扁豆粥，让他端着四处走走，芝诺顺从地照做了。忽然，克拉特斯用他的木棍打翻了碗，粥撒了芝诺一身，芝诺尴尬地跑开了。克拉特斯喊道；“我的小腓尼基人，你为什么要跑呢？并没有什么坏事发生在你身上啊！”芝诺瞬间顿悟了，斯多葛学派就此诞生。芝诺自嘲道：“我虽然遭受了船难，但就此开启了一段正确的旅程。”

由于芝诺一开始在“彩饰柱廊”（希腊文是“Stoa Poikile”）里讲学，他的学说因此被称为斯多葛主义。该学派成立以后，迅速成为希腊文化界最流行的哲学学说，在罗马帝国时代，该学说还流传到了各个社会阶层。这个哲学流派现存的著作可追溯到罗马时代后期，其中包括罗马皇帝马可·奥勒留所著的《沉思录》，塞内卡写的一些文章和信件，还有奴隶出身的爱比克泰德所著的杰作《谈话录》，爱比克泰德口才极富雄辩，直接地表达出了斯多葛学派的思想。

我们能够控制自己的愤怒、兴奋、悲伤、焦虑、嫉妒、同情等情绪吗？好的和坏的情绪不都是我们无法自控吗？假设当你走向你的汽车，却发现它被盗了。如果我告诉你：“此刻不要悲伤，你是情绪的主人。”或许你会简短地回答：“我现在无法控制自己的情绪，我的汽车刚被盗”，但斯多葛学派认为，在那种情况下，甚至是更糟糕的情况下，你都完全可以掌控自己的情绪，因为，按莎士比亚的话说，“事情本来不分好与坏，只是想法不同而已。”或者像爱比克泰德说的那样，“困扰人们的不是事物本身，而是我们对事物的判断。”

斯多葛学派认为我们的情绪取决于我们的信念。车被盗了，我们之所以很伤心，是因为我们认为车丢了会扰乱我们的计划，触犯我们心中的正义感。但是，如果你很讨厌你的汽车，并且是一名实实在在的无政府主义者，或者你的车上了好的保险，那么你对丢车的反应就会大有不同。爱比克泰德最崇拜的榜样是苏格拉底，他曾说过：“死亡……并不可怕，否则在苏格拉底身上就表现出来了。”

因为我们大多数人都惧怕死亡，所以每当我们面对它时，就会产生消极的情绪。但是苏格拉底认为死亡是生命中不可缺少的一部分，死亡并不是坏事，事实上是好事。因此，他在判决的时候像往常一样快乐，并回答道："你们无法判决我死刑，只有生命本身才可以，你们所做的不过是给了一个日期罢了。"

《手册》是爱比克泰德《谈话录》中的精华部分。他在《手册》的开端写道："有些事情我们能够决定，但有些事则不能。"我们能够决定自己的信念，所以我们终将可以掌控自己的情绪。我们可以决定自己的计划，摒除不合实际的想法。我们心灵的力量可以控制我们的心智，只不过如果长时间不用这种力量会变弱。所以，如果我们能够排除那些产生负面情绪的想法，我们就可以永远保持愉悦。借用柏拉图的意象来说就是，我们的情绪像是一匹烈马，而我们的理性是驾驭者。尽管很少有驾驭者能够运用一些规则来降服烈马，但是却可以合理地分配它们的精力，指引它们到达我们想去的地方。

然而有些事情，无论我们想如何改变，最终都无济于事。我们试图左右自己的名誉、财产、工作、家庭、世界和自己的身体，但是我们终将无法掌控它们。我们都希望精心布置的计划能成功，如果我们把希望寄托在这些计划上，我们就不会开心。生活为了把我们变成斯多葛学派的追随者，试图展现出它最邪恶的一面，每天把溢出的咖啡溅在我们喜爱的衬衫上，让我们脖子抽筋，使政治的风向朝着我们讨厌的方向发展，有时候生活甚至折断我们的脊椎，或是把心爱的人从我们身边带走。一次上课，为了说明斯多葛学派的观点——我们不应为某事感到伤心，我举了车子被盗这个例子。课后，当我打算开车回家时，发现它真的被盗了（至于我多大程度上实践了斯多葛学派的理念，留给各位自行脑补）。然而，每天早上，我们还是会怀抱着既勇敢又愚蠢的愿望，认为我们能够掌控宇宙的变迁，使其符合我们的奇想和目标，而忽略了昨天发生的一切教训。认为这一次事情将会有所不同！

斯多葛学派有一个伟大的比喻，出自希腊的哲学家克律西波斯。他认为我们就好像拴在马车上的狗一样。当马车移动时，我们有两个选择：奔跑或是被拖拽。而无论哪个选择，我们都前往一个完全相同的地方。你的车子被盗之后，你当然可以愤怒地踢马路牙子，咒骂，就像被拖拽的那只狗一样，但是，这并不会让你的车子奇迹般地回来，正如一条桀骜不驯的狗无法改变马车行进的路径一样。生活中所发生的事不会决定我们的最终命运，只会带给我们快乐或是悲伤。就像这个关于人生的故事一样：所有的狗都拴在马车后面，一些狗随着马车奔跑，高兴地吐着舌头，而另一些狗则被拖拽着，痛苦地吼叫，直到它们最终厌倦了这一切，开始奔跑起来。当马车转向时，一些奔跑着的狗反而可能被往后拉，被痛苦地拖着，而一些原本被拖拽的狗，现在得以起身，开心地奔跑了一段时间。

幸福的奥秘就在于我们下定决心开始奔跑：用斯多葛学派的话说就是，让我们顺其“自然”。自然，有时候被称为“宙斯”“命运”

或是“上帝的意志”，不仅仅是指自然界，还指万事万物运行的规律。杯子碎了，这是自然规律，因为杯子这类物品本来就易破碎，并且经常受到撞击。车祸也是自然规律，因为车子开得飞快，偶尔会相互撞到，这是不可避免的。换句话说，自然规律并不难理解或是预测。事实上，关于你和自然的关系，我可以做出像占卜师一样的寓言：你的餐盘将会破碎，芝加哥小熊队将会输掉比赛，今年的某个时候你会生病，你爱的某个人将离你而去，你的车将需要修理，你期盼的某件事会实现，当然你所害怕的某件事也会发生——噢，你没什么希望了，因为你将会死去，尽管具体的日期还不太清楚。

那么，为什么当我的预言成真时，我们会感到不开心，甚至是震惊呢？如果你签约成为一个橄榄球队员，比赛中当你被对方球员阻截时，却感到很愤怒，这不是很荒谬吗？想象一下，一位跑卫拍拍身上的土，然后抱怨这不公平，因为球队里只有他一人被击倒了。被对方球员阻截——甚至受伤——都是比赛中的一部分，就好比拥有一个杯子就意味着拥有了一件易碎的物品，就好似生活意味着要面对疾病、灾难和死亡。在橄榄球运动中，尽最大的努力不被对手拦截是很正确的,但是如果你被阻截了,就接受这个现实,并把它当成比赛的一部分。

你或许会抗议，因为和橄榄球球员不同，你并没有签约参与人生这场游戏。的确如此，但是，爱比克泰德曾说过，“记住门是敞开着的，不要比孩子们还胆小，当一项游戏不能让他们感到快乐，他们会说，‘我不玩了’，于是他们就离开了，但是如果你选择继续留下，那就停止抱怨。”没有人强迫你打橄榄球，在高速公路上开车，或是收集易碎的物品。如果你不愿参与到像人生一样激烈的游戏当中（在这场游戏中，孩子甚至会死于癌症），那么你应该心怀感激，因为你还能做出选择。父母把你带到了这个世界上，但是你有权利选择离开。

人们一想到自杀似乎觉得很可怕，但事实并非如此。“今天我不打算结束自己的生命，我将我倾尽全力面对生活。”没什么比说出这句话更让人解脱的了。当你了解到你能对生命说“不”时，你有没有真正懂得说“是”的意思？头脑中带着自杀的念头而继续生活下去，才是对生活真正地热爱。这让我想起了维克多·雨果的美妙的诗句：

于我而言，我并不指望上帝总能控制自己
这位伟大的诗人精力充沛，行为有些过激
请忍耐一下，莫要生气。
上帝既会为桃花着上细腻的色彩
也会抚平大海的波澜，把彩虹高架其上
某天他会送我们一只蜂鸟，改天又送我们一头乳齿象
坏品味是他的怪癖之一
他喜欢在峡谷之中添上巨龙，在阴沟之中添上蛆虫
做的每件事都不合常理
他身上藏着拉伯雷和米开朗琪罗的影子

这就是上帝本来的样子；我欣然接受。

生活就是这样，仅仅接受就好。当然，你也可以选择不接受，继续被拖拽着走。

*

任何人的说辞都无法令你在一夜之间学会掌控自己的心态。很多人都把大量精力放在了不可更改的事情上，导致心力开始松弛。和大多数古代哲学家一样，斯多葛学派也认为，想要实现人生的改变是很困难的，即便你有一个坚定的目标。正如汤姆·索亚发现的那样，对于我们大多数人来说，即便在周日刚听过最好的牧师布道，也很难在周二之后仍感到被救赎。因此，斯多葛主义不仅是一个目标，同样也是实现这一目标的过程。如果你认为斯多葛主义是值得践行的哲学准则，那么如爱比克泰德所说，即便“奥利匹克运动会已拉开帷幕，比赛马上就要开始了”，你也必须像运动员准备大型锦标赛那样训练。下面是一些训练的小技巧。

学习

如果可能的话，要和真正的哲学家交朋友，花时间和他们谈谈如何才能更好地生活。记住，并不是只有获得哲学学位的人才是哲学家。真正的哲学家言语简练和行为果断，只在乎最重要的事。

如果不能进行哲学式的对话，那就每天阅读一些哲学家的书籍，但这些哲学家必须能够关心你的幸福，并乐于引导你去发现世界最原本的样子，而不是你所期望看到的样子。柏拉图的苏格拉底对话录是很不错的选择，因为这些对话不仅揭示了真理，也为我们展现了苏格拉底这位斯多葛哲学圣贤的典范。当然，还有斯多葛学派的一些哲学家。我首要推荐的是爱比克泰德，他的观点最清晰也最坚定，“如果你希望你的孩子、妻子和朋友活得长久，那你就太愚蠢了。”在爱比克泰德道出斯多葛学派的核心之后，接下来让我们把注意力转向温和的塞内卡，他说了一些令人宽慰的话语，比如，“和自由一样，饮酒也蕴含着一种健康的节制。梭伦和阿塞西劳斯都爱酒，加图曾因醉酒被人指控，那些指控他的人很容易觉得自己的行为很光荣，但加图却并不为饮酒感到可耻。”

清晨冥想

斯多葛哲学最重要的训练方法之一，就是经常冥想令你恐惧的事物。塞内卡称之为 praemeditatio：每天清晨在脑海里冥想一下，你害怕的事情将会在今天发生——你喜爱的玻璃杯打碎了，你的车子出故障了，你被炒鱿鱼了，你心爱的人被查出患了癌症，等等。因为，当你每天决定从床上爬起来，这些事情都是人生这场游戏中最真实的部分。马可·奥勒留曾说过：“在清晨告诉自己：今天我会遇到一些忘恩负义的、残暴的、背信弃义的、善妒的和冷酷的人，所有这些都是因为他们对真正善恶的无知而出现的结果。”

你或许会想，“如果快乐意味着在早餐时间想象自己最好的朋友死于癌症，那谢了，我不需要。”但是，冥想令我们恐惧的事情，并不是为了一旦它们发生，我们就不会感到吃惊，也不是为了化解你忧郁的心情。记住，事情本来不分好坏，只是想法不同而已。通过冥想害怕的事物，我们是在训练自己，让自己更加清楚地看清现实。只有这样我们最真实的情绪才能得到释放。如果你在早晨逼真地想象了你的朋友将会死去，而碰巧你在下午见到了这位朋友，你会有何反应呢？是不是内心充满感激，不愿再浪费你们在一起的每一分每一秒？对比一下，如果你没有进行斯多葛哲学训练，你的感觉又会如何呢？直面内心的恐惧会让我们更加感激所拥有的一切。如果你把朋友的陪伴视为理所当然，认为你们有无限的时光在一起分享，那么你活得不会开心，并将无法面对死亡，包括你自己的和他人的。

顺便说一下，如果你的朋友真的死了，斯多葛学派当然不是让你回答：“这并不是什么大事，我早就知道这会发生。”正如塞内卡说的那样，“自然需要我们表现悲伤，但超过一定限度就是浮夸。我永远不会要求人们不能悲伤。”悲伤是一种复杂的情绪。对别人的死感到悲伤多半出自自私的心态，认为“这不应该发生在我身上，我想要朋友陪伴我更多时光，生活真是太不公平了。”想象一下，如果我借给你一本书，跟你说道：“你可以保管一段时间，不过要记得还我。”三周后我遇见了你，并告诉你我现在需要那本书，但是你紧紧攥着不放，并抱怨说：“我不想还给你，我想要再借更长久一些，你这样做太不公平了。”这不是很荒唐可笑吗？斯多葛学派指出，我们所爱的人和物都是如此，他们都是暂时借给我们的。我们所要做的就是，当拥有他们的时候好好珍惜，当要失去他们的时候心存感激。只有认真践行过斯多葛哲学原理后，我们才能够尊重离我们而去的人，并在送别仪式上感到一种自然的悲伤。某人死去的时候，如果只为自己感到悲伤，并没什么值得骄傲的。

从小事着手

从容地接受心爱的人离去这一事实，我承认确实很难。斯多葛学派也很少有人能够做到。就好像真正的基督徒渴望成为耶稣一样的人，斯多葛学派的人也在努力向圣贤看齐。（在困惑的时候，爱比克泰德会说，问问你自己“苏格拉底会怎么做？”）但是，正如大多数基督徒无法背负起十字架一样，很少有斯多葛学派的人能够完全践行斯多葛主义。因此，斯多葛学派的人建议应从小事入手。我们无法一下举起沉重的物品，但我们可以从重量轻一点着手，毕竟这样比较容易做到。其实，每天让我们感到烦恼的很少是车子被盗或是死亡，往往是破碎的玻璃杯、岳父岳母刻薄尖锐的话语或游泳池里的不愉快——这些都是我们内心能够接受的。当杯子打碎时，告诉自己，“这仅仅是一个杯子：我知道它很容易破碎。”在你拜访岳父岳母之前跟自己说，“我不会让他们左右我的情绪的。”当你去游泳池时，想一下，“我可能会被别人无意间溅一身水，我的毛巾可能会掉进水池里，这里不是私人泳池，而是公共空间。”

事事留心

关掉大脑的自动驾驶模式，关注你正在做的事，思考你做这件事的缘由。要时刻谨记我们是签了约来度过这个人生的。如果可以的话，就做一些真正有意义的事。无论做任何事，都去试图发掘它的意义。记住，我们身边充满了大自然的瑰丽与人类的奥秘。你要意识到你有能力在生活的各个领域掌控自己。就像马可·奥勒留在《沉思录》里说的那样，“无论何时何地，你都可以做到：虔诚愉快地享受当下，公正地对待你身边的人，努力地完善你现在的思想，不让未经考量的事物潜入你的思想。”

富有幽默感

当别人表现不当时，不要觉得受伤或是被冒犯，当事情不称心时，也莫要悲伤。面对理想与现实的不符，让我们一笑而过。如果事情的发展称心如意——奇迹中的奇迹——也要放声欢笑。爱比克泰德说过，“如果（一位哲学家）得到了赞扬，他会在心里笑赞扬他的那个人。”真正的斯多葛学派圣贤可能不需要幽默感，因为在他们看来，理想和现实之间并没有什么矛盾可言。但是在我们尚未达到圣贤的高度时，微笑就是化解矛盾最好的方法。

我的导师唐纳德·菲利普·弗雷恩曾告诉我，要把生活当成是一场不间断的狂欢节。同事甚至是完全陌生的人像怪物和小丑一样表演，并且是让你免费观赏。塞内卡曾说过：

> 我们不要把事情看得太重，要宽容地忍耐它们。揶揄生活可比为之悲伤文明多了。要知道，笑对人生的人要比为之而哭泣的人活得更好，因为前者对未来充满希望，而后者愚蠢地为没有希望的事情而悲伤，并希望出现转机。总而言之，放声欢笑的人比痛哭流涕的人更加伟大，因为欢笑展现出了我们最柔情的一面，这些人即使身处所有的困境之中，也会认为一切没有什么大不了。

夜晚反思

在一天将要结束之时，反思一下已经完成和尚未完成的任务。塞内卡建议我们问自己，“你改掉了多少坏毛病？犯了哪些过错？哪些地方取得了进步？”商店老板也会定期反思在哪些地方他们可以做得更好，如何降低成本或提高生产效率。如果你未能做到这一点，受伤害的是你自己。你的目标不同于宗教式的忏悔，斯多葛学派认为那只是愚蠢的借口。反思是让你改变正在做的，如果你坚持原来的做法，那就改变你的目标。夜晚的反思是对你的信念最真实的反应，最终目的是为了自我提升。

反思过后，念诵莱因霍尔德·尼布尔的宁静祷文，或许是不错的选择，至少下面这一段很合适，“上帝，请赐予我恩典，让我宁静地接受不能改变的，赐予我勇气去改变能够改变的，并赐予我智慧去辨别事物的不同。”或者，你也可以考虑爱比克泰德强烈推荐的一段祷词：

> 宙斯，还有命运之神，请给我指引，
>
> 无论你们安排我去何方，
>
> 我将毫不犹豫地接受，
>
> 即使我不愿前往，
>
> 因为我的罪恶，我将会义无反顾地接受。

本质上，这就像狗对马车的祈祷文。

*

人们对斯多葛主义最经常的抱怨就是，这个哲学流派似乎把人在生活中的角色定义地过于消极。反对者认为，为了让世界变得更加美好，我们需要为发生的事情感到不满。当世界濒临毁灭时，我们不能只耸耸肩，然后说："噢，这一切我又能做些什么呢？"对斯多葛主义最激烈的抨击出自我的一个学生——罗伯特。他身材魁梧，是一个摔跤选手。直到我们开始讲斯多葛学派，他才第一次在课堂上举手发言。他说，他从不忍受战败，而这对他来说很重要，因为，他对自己和对手的愤怒，是他自我提升所不可或缺的。他认为接受失败是输家所为。

罗伯特的观点与亚里士多德的观点很相似。亚里士多德认为愤怒是"一种欲望，并伴随着痛苦，想要对蔑视你或你的朋友的人进行报复，尽管这种蔑视并没有明显地表达，愤怒中还总是夹杂着些许愉悦——出自想要复仇的期望。"罗伯特和亚里士多德认为，只要能够适当地引导愤怒的情绪，它是健康有益的。

但必须澄清的是，斯多葛学派的伟大圣贤们对待生活绝不是消极的。塞内卡是其中最温和的一位，他不仅是帝王的老师、元老院议员，还是罗马伟大的剧作家和家财万贯的金融家。用"消极"或"懒惰"这类词来描述马可·奥勒留合适吗？他统治了整个罗马帝国，统帅一支庞大的军队，权威的历史学家爱德华·吉本，把他的统治时期描述为"世界历史上人类最幸福昌盛的时期"。

斯多葛学派认为，摔跤选手应该在比赛中拼尽全力——我们每个人都是摔跤选手。奥勒留说过，"生活的艺术更像是摔跤而非舞蹈，"或者，"摔跤选手所参加的最伟大的一场比赛是：不被任何情绪所打败。"爱比克泰德也曾说过，"困难方能见人的品质。因此，上帝就像是一位体能教练，当困难降临时，它已安排一位粗犷的年轻人与你搏斗。”但是，你一旦决定成为一名摔跤选手，你就加入了一场非输即赢的比赛。斯多葛学派认为，为失败本身而愤怒，太浪费精力了。如果你的失败是由于体重减得太快、犯了愚蠢的错误、没有全力以赴、准备不够充分，那么下次你需要做出改进。但是，如果比赛中你已发挥出最高水平，却还是失败了，那有什么可沮丧的呢？如果你参加摔跤比赛只是为了取胜，那么在斯多葛学派看来，你太幼稚了。愤怒（如果你愿意这样叫的话）在你能做出改变的情况下是合理的——即你愿意去改变。但是，你一旦输了，唯一的选择就是接受现实或是被现实拖拽。

任何值得做的事情都经得起失败。事实上，判断是否是斯多葛学派所称的人生的义务，就看是否值得为之努力：如果一件事即便你拼尽全力也会失败，那么这件事值得去做吗？如果你的答案是肯定的，那么这就是你一生的应尽之责。如果你做这件事只是想获得成功的话，那么这不是该做之事。参加摔跤运动时你不应该只想着，“我参加比赛是为了夺得世界冠军。”你应该扪心自问，“这值得我倾注全部精力吗，即便我有可能输掉最重要的一场比赛？”我以前是摔跤选手，并且一直是一名摔跤迷。所以，课后我和罗伯特聊了很久，我们聊了摔跤英雄丹·盖博在他大四决赛中的一次失败，这也是他唯一的一次失败。罗伯特认为正是因为盖博拒绝接受失败，才使他后来成为了一名杰出的奥林匹克运动员和教练员。在斯多葛学派看来，与其为金牌而战，不如努力成就更好的自己。（或许我不该泄露这个秘密，但我的直觉告诉我，斯多葛学派的摔跤选手更有可能获得金牌。）

*

追寻斯多葛学派的脚步，我们得出了一个惊人的结论，那就是即使遭受折磨，依然能感到幸福。毕竟，我们的身体我们做不了主。斯多葛学派的圣贤——必须承认圣贤很稀有——应该会说，“你可以折磨我的身体，但你伤害不了我，只有我才能伤害我自己。”乍一看，幸福是与痛苦相伴的这个观点，使很多人不买账。如果幸福是遭受折磨的话，那么我们宁愿回到“不幸福”的生活。

真正遭受过折磨的人可能会十分赞同斯多葛主义。有一篇很精彩的文章，名字叫做《火线下的勇气：践行爱比克泰德的学说》，作者是詹姆斯·邦德·斯托克代尔。更为人所知的也许是他曾在1992年总统大选中担任罗斯·佩罗的竞选搭档。在副总统竞选辩论期间，他漫无目的地游走，沉思地问，“我为什么要在这儿？”这篇文章主要讲述了斯多克代尔的经历。斯多克代尔作为一名飞行员，在执行第二次任务时，在越南北部上空被击落，他跳伞逃生后遭到俘虏，被关押在监狱里长达六年。其中有两年时间一直戴着脚镣，有四年时间被单独关押。他经受了十五次残酷的折磨。当他被释放时，并没有一蹶不振。他引用了亚历山大·索尔仁尼琴的话说，“祝福你，监狱，成为了我人生中的一部分。”他曾在斯坦福大学跟菲利普·莱恩兰德教授学习爱比克泰德的哲学思想：善与恶的问题。他把自己能活下来都归功于此。

斯托克代尔用他的亲身经历阐释了爱比克泰德的著名观点——你无法掌控任何事：

让我们以“人生的方位”作为开端吧。跳伞之后，我缓缓地朝着那个小镇，才意识到掌舵人生的方位是多么不易，我的力量是多么微不足道。这一切都不由得我做主。我马上将要从领导一百多名飞行员与一千多名士兵，并且战功卓著的指挥官，沦落为被蔑视的对象，成为一名“罪犯”。但一个人的无能为力远不止表现于此，风、雨、冰、海水或是一个人都可以让你陷入绝望哭泣的境地——在短短几分钟内，你甚至无法控制你的肠胃。然而，这还不够，你还要面对你意想不到的脆弱。短短几分钟之后，你的双手将被绷带一样紧的绳子绑在身面，上身前屈，脚踝被扣上脚镣，中间由一根铁条连起来，忽然间一阵恐惧袭来，你意识到上身的血液循环已经停止了，而且疼痛的感觉越来越强烈，幽闭恐惧的感觉布满全身。在这种情况下，你几乎会脱口而出敌人想知道的任何答案，有时甚至是正确答案。

并不是说斯托克代尔即使被打的骨折，也可以愉快地吹口哨，而是他发现即使身陷绝望的深渊，依然能够训练自己保持人格的尊严，他轻声告诉自己，“克制恐惧，克制内疚，克制恐惧，克制内疚。”对身体的折磨是泯灭灵魂最简单有效的方式。遭受折磨之后，在单独囚禁中，“我们（斯托克代尔和他的狱友）会沉思，最泰然自若的美国人把背叛自己与所信仰的一切视为什么。在那里，我懂得了‘斯多葛式的伤害’指的是什么。与之相比，肩膀重伤，后背骨折，腿骨骨折两次简直是小菜一碟。”

作为高级军官，斯托克代尔上将成为整个战俘营所有美军士兵的领袖。他废除了往常的命令（例如，说的仅仅是“名字，军衔，部队番号和出生日期”），颁布了新的缩写命令 BACK US：其中，字母缩写 BACK 是指“不要在公共场合鞠躬，不听广播，不认罪，不告别”；US 可以解释为美国，但实际意思是“团结忘我”。

在经历四年的单独囚禁之后，一张能证明斯托克代尔上将有罪的便条被发现了（此前，他已举行了一场暴动，使兄弟战俘们解除了脚镣的束缚——别再说斯多葛学派被动了。）他的经验告诉他，这种极其残酷的折磨最终会让他说出敌人想知道的信息，于是，就像“一个孩子知道什么时候该终止这场游戏”一样，他趁着单独待在审讯室的机会，打碎了窗户，用一块玻璃碎片划破了手腕。巧合的是，他的妻子那一周正在巴黎举行运动，要求战俘得到人道的待遇。越南方面害怕他的死会产生国际影响，于是找了一个医生，及时地挽救了他的生命。当斯托克代尔被包扎好后送回监狱时，他的狱友给了他一个暗号，知会他在隐蔽的地方藏了一张便条，那天晚上他悄悄地挖出便条，读了起来。那是他的朋友用老鼠屎在一张厕纸上写下了厄内斯特·亨利的《不可征服》的最后一节：

无论大门何等狭窄，

无论承受的责罚多么深重，

我是命运的主宰；

我是自己灵魂的主人。

*

什么是幸福？斯多葛学派认为幸福不是心情的快乐。我们总想避免折磨、癌症和英年早逝。我们想要得到财富、美酒和友谊。但是，真正的幸福要比遇见幸运的事情更加深刻。幸福是当我们可以掌控自己的思想时所得到的尊严感。幸福是一种内心的宁静。幸福是一种本领，让我们最艰难的情况下咬紧牙关坚持下去。幸福是做我们该做之事时，所获得最深层次的满足感。斯托克代尔的偶像爱比克泰德把它称之为自由。

爱比克泰德对自由的反思是极为深刻的，因为他在年少时期——公元一世纪——曾沦为奴隶，后来被带到了罗马。他的主人残酷地虐待他，有一次，竟然因为好玩打碎了他的膝盖骨，使他终身残疾。在罗马，爱比克泰德又被廉价卖给了尼禄的私人秘书以巴弗提。尼禄作为罗马的帝王，整天忙着观看演出，驾驭战车，演奏音乐，沉溺于酒色。他纵火燃烧罗马城，把基督徒当成替罪羊，还杀害他的家人。有趣的是，爱比克泰德的主人结束了尼禄的统治，协助这位胆小的皇帝割喉自尽。以巴弗提自杀失败后，遭到流放，最终被处决。

爱比克泰德在混乱中获得自由。他利用重获的自由，开始学习斯多葛哲学，师从斯多葛学派的穆索尼乌斯·鲁弗斯。经过十年的学习，爱比克泰德成为了名副其实的哲学家。

遭受折磨贩卖，重获自由并学习哲学的经历让爱比克泰德开始思考什么是真正的自由。这位坡脚的哲学家认为，唯一可以奴役你的人其实是你自己。这样的事每时每刻都在发生。当一个杯子打碎时，我们奴役了自己，把情绪停留在那几片陶瓷碎片上。拒载的司机，不友好的同事，岳父岳母犀利的话语，杂乱的噪声，迟到的学生，天空飘来的浮云，或是粗鲁的罗马人，这些事都使我们禁锢了自己。黑格尔有一则寓言，名叫主人和奴隶的辩证关系。主人们所能做的就是对身边的人呼来喝去，而奴隶却有能力做其他的任何事。一旦奴隶意识到了这一点，他就不再是一个奴隶。卡尔·马克思很喜欢这个故事。

纳齐姆·希克梅特是 20 世纪土耳其一位伟大的诗人，他曾因参与马克思主义政治运动而被捕入狱，他在给妻子的信中写了一首短诗，清晰地阐明了爱比克泰德关于自由的概念。

他们抓住了我们，
并投入了监狱：
我，在墙内，
你，在墙外。

但这没什么大不了。

最糟糕的是，

人们——自知或者不知——

在自己内心里筑起牢笼……

大多数人都是如此，

这些人诚实，勤劳，善良，

他们值得被爱，亦如我爱你一样……

插曲——美酒和自行车

你切不可沉醉于鉴赏酒签而忘记品酒。

——保罗·瓦列里

赛克斯都·恩披里柯的幸福观认为，真正阻碍人类获得幸福的是哲学本身。我们头脑中对幸福的认识使我们远离了幸福，正如努力使我们无法成功。赛克斯都写了一系列作品，每部作品的书名都以“反对”作为开头。他反对一切追求知识的主张。他相信我们最终会厌倦讲一些哲学大道理，回归到我们所忽视的日常生活中去，在那里，没有痛苦和挣扎，我们能享受到快乐幸福。

我们没有必要去深究有关幸福的理论是否完整。一些罗马的思想家——最著名的当属西塞罗——采取了折中主义立场，汲取了各个哲学流派中的精华。从怀疑主义中，他们吸收了终极理论是不存在的这一观点。从伊壁鸠鲁哲学中，他们吸收的观点是，在顺境中，人们要适度享乐。从斯多葛哲学中，他们吸收了，人生不会一帆风顺，我们应有所准备，才能维持自身尊严。总体来说，我们应该尽可能追求伊壁鸠鲁主义，必要时遵循斯多葛主义，并要一直保持一点怀疑主义。

无论折中主义是否条理清晰，我认为它保留了各家的精华。伊壁鸠鲁主义和斯多葛主义都只是有用的思想工具，目的是让我们活得更加满足，更有意义。如果它们不起作用，那就抛弃它们。我们无需关心是否掌握了斯多葛哲学，我们真正要关心的是如何更好地生活。哲学首先是一种实践，其次才是理论学说。在古希腊的传统里，幸福远比正确重要多了。艾尔弗雷德·诺斯·怀特海或许是对的。他说道："一个命题是否有意思远比是否正确更加重要……不过，当然了，正确的命题要比错误的命题更容易充满趣味。"对于古人来说——对于你我也是如此，一个命题之所以有趣是在于其能够振奋精神，提高生活质量。

*

如果我们意识到我们无法活出自己的价值，那么这一毋庸置疑的事实——我们终将死去——着实会令我们感到不安。幸福的生活是在未来的某个时候吗，需要我们从明天开始去追求？还是我们现在正在进行的生活就是幸福生活呢？

一次，我问学生会如何度过最后一年的时光。当我环顾四周，寻找答案时，我注意到金伯莉·格蕾丝的眼中闪烁着光芒。她也是一位"离经叛道"的学生，一头短发已经有些花白，尽管她还比较年轻，身材也保持得很好。几周后的一天课后，她走过来和我聊天。因为我曾经说过，我对酒情有独钟。她也喜欢酒，对酒算是个行家。通过聊天我们发现，我们对酒有着相同的品味。

谈酒与品酒一样美妙，都会让人变得健谈。我问她，为什么我问大家该如何度过最后一年的时光时，她的眼中闪烁着光芒。她微微一笑，告诉我她目前的状况几乎就是如此。几年前，她被确诊为重症肌无力，这是一种很罕见的神经肌肉障碍。医生说这是“他所见过的最严重的一例”，他也无能为力。

金伯莉最终下定决心，通过自己的力量寻找一种能替代药物的方法。首先，她专注于生命中的一些美好。她喜爱酒，于是养成了每天晚上品一小杯酒的习惯。她喜欢骑自行车，于是沉浸在了自行车的世界中。她还有很强的求知欲，想要学更多知识——她没有读完大学，于是她决定重返校园，学习任何感兴趣的课程。对她来说，伊壁鸠鲁主义和斯多葛主义仅仅是生活的逻辑。因为只有你自己才能寻找到真正的快乐。你需要尽最大努力增强体质，同时接受生命的最后期限，投入你所爱的事物当中，并汲取知识提升自己的内涵。金伯莉用笛卡尔的话告诉我——“我思，故我在”——就好像在说，“因为我聆听别人，并试着理解周围的世界，所以我活得很有意义。”

上完我的课程之后，金伯莉搬到了博尔德，她在落基山脉骑自行车，为美国女性自行车发展计划署提供帮助，学习更多的课程（“我想我可能永远是一名离经叛道的学生”），品酒，定期去听交响乐，并在博尔德运动医学中心工作。她找到了一种生活方式，使她拥有了健康的体魄和心态，那就是，靠自己所信仰的事情谋生，用音乐、哲学和美酒来装点日常生活。就某种意义而言，这种生活方式并没有什么非同寻常。然而我却发现她的生活如同奇迹，她展现出世间罕见的健全的灵魂。

金伯莉身上有一种超乎寻常的冷静。上一次我和她交谈时，她说需要中止工作，休息一段时间，因为她正在接受化疗。“你可以想象一下，去年夏天我还在接受临终关怀。”她眨眨眼说道，“我想说，事情正朝着好的方向发展，并不会一直糟糕下去。我很快就能重新回到自行车赛道了。”在她的身上你几乎看不到任何重症肌无力的症状，唯一能看出来的时候是她在说话时，因为她只能用半边嘴说话，脸上带着有趣的笑容——介乎于斯芬克斯和蒙娜丽莎的微笑之间，就好像她知道有些事情其他人也应该这样做，但他们却并没有做到。

第三部分

上帝是否可认知?

感谢你，上帝，赐予我们奇思妙想，让我们迷恋于你。

——艾米莉·狄金森

买卖圣职使你感到气愤吗？关于圣职买卖的政策哪种你比较拥护？比如，你赞成第二次巴尔的摩全区主教会议吗？

换个话题，你对我们的医疗保健系统有什么意见？医院的账单是否令你感到不满？你对公费医疗制度满意吗？你有关注过政府最近出台的有关医疗卫生的法律吗？

我想说的是，在一个精神世界占主流的社会中，人们不关注医疗服务问题，而是关注金钱应该在宗教生活中发挥什么作用（顺便说一下，买卖圣职是指用钱买卖神职的罪行，在中世纪是人们最关心的问题）。然而，在我们这个时代，情况正好相反，宗教神学几乎被我们抛在了一边，我们所关心的是人们是否有权接受医疗卫生服务。在我的学生中，那些在有宗教信仰的家庭中长大的年龄稍长的孩子，比那些没有受过宗教影响的十八岁的孩子更容易成为一名探索者。无神论者——至少在年轻阶段——的无神论观点更能与社会生活中民主、消费、科技和科学相协调。

我曾经被一个探索者的坦白直率逗乐了，并在日记中记录了她的一些观点。她的名字叫克里斯特尔。她曾经告诉我说：“我参加聚会时，看到一些同龄的年轻人做了一些既不道德又有违宗教观的事情。而他们却在教堂里极力反对在聚会时做的那些事。我还很讨厌他们用一些恐吓的方法让人们相信耶稣的存在。他们会讲一些令人心痛的故事，如果这不奏效的话，他们就开始描述地狱的可怕。他们会问：'如果你现在死了，你将去往何方？'我再也忍受不了这些了。"克里斯特尔写了一篇很棒的论文，其中的一个观点是"宗教是无用的传统和仪式，你之所以参与，是害怕上帝真的存在"。

如果你接受的宗教教育，没有伪善，没有对善和恶的夸张描述，没有与先知的话相矛盾的恐吓威胁，那你就太幸运了。但不幸的是，我还没有见过哪个大的宗教机构，不论其地位多么神圣，能够不犯那样的错误。但是，如今，同克里斯特尔一样，人们发现没有"无用的传统和仪式"，他们同样可以生活得很好，只有在面对婚姻和死亡的时候才会感到迷茫。

然而，即使是最坚定的无神论者也很难不对宗教感到好奇。一个对事物充满新奇，正值十八岁花样青春的少年，常常会对宗教感到既害怕又好奇。但是，随着年龄的增长，我们不得不面对时间的流逝，身体的脆弱，宇宙的浩瀚以及对未知死亡的恐惧，年少时的那种感觉再也很难找回。纵观人类历史的长河，人们的生活总是和神学密不可分。切斯拉夫·米沃什在《不是/就是》这首诗中写道：

如果一只堕落的动物，

想象力能够达到如此的高度，

认为这天空中住着神灵，

岩石的裂口处有恶魔集群

那后果一定是不堪设想，

我们需要立即奔走相告，

时刻提醒人们记住自己的身份：

我们总是爱自欺欺人，

……

那些从宗教神学中解脱出来的人们能够解开这几千年的迷惑吗？或者，就像米沃什暗示的那样，有没有可能是他们在关键的一步走错了方向？从哲学的角度又该如何看待克里斯特尔寻找上帝的观点呢？

5. 无名狂喜

他遭到反对，因为他从未体验过什么是爱。于是，他起身，离开众人，并下定决心在弥补这一缺憾之前不再回来。“现在”，他走进来说道，“我们可以继续讨论这一话题了。”

——罗伯特·路易斯·史蒂文森

在操场上有人散布圣诞老人是假的这一消息之前，你认为圣诞老人的存在是必然中的必然。世界上的每一个人都会谈论红鼻子鲁道夫和那份神秘精致的礼物。而且，每个圣诞节的早晨，在上百万家庭中会出现新的证据：礼物的包装纸十分陌生，被动过的牛奶和曲奇饼，一封笔迹很奇怪的信，还有白色的蹄印。孩子们不是因为看到了这些证据，才相信了圣诞老人的存在，而是圣诞老人已经成为了全世界的共识，就像 ipod 随身听和太阳的存在一样正常。但是，如果你的同学告诉你这个世界上不存在圣诞老人，你会作何反应呢？一次，我问了学生这个问题，有一位身材高大的同学，脸上表情凝重痛苦，他回答道："我一拳把他的眼打青了，还被学校停了学。"

那个讨厌的家伙散布过这个消息之后，相信圣诞老人存在的人依然还会相信，只不过内心多了一份怀疑。那个看起来神志清醒的同学怎么会有这样的想法呢？这到底是怎么回事？把那个人揍一顿也是很合理的，总比沉默不语要好得多。但是，对圣诞老人心存疑虑的那个人会想方设法弄清事实。他们会去询问爸爸妈妈，爸妈的话似乎是永恒的真理，更富有创造力的孩子可能会在人造圣诞树里藏一台摄像机。不论用何种方式，他们最终都会知道真相。我问学生，父母是否应该对圣诞老人的真相守口如瓶？那些曾经相信圣诞老人存在的人，认为应该，而从一开始就不信的人则认为不应该。对他们而言，父母依然是永恒真理的化身。

发现圣诞老人是不存在的这一经历，可以称为知识论危机：由知识的次序引发的危机。虽然这一名字有些陌生，但是这样的现象却很普遍。任何在我们看来很正常的事情，如果别人却不以为然，那么这样的情况都会引发知识论危机。对此，我们通常的第一反应是这个人一定是野蛮人——或许应该把他关起来。但是，如果我们有足够敏感的话，会慢慢发现，其实自己也是个怪胎。文明的罗马诗人奥维德在流放的过程中也不得不承认，"我是一个人野蛮人"。

为了解释认识论危机，我喜欢引用伏尔泰曾讲过的有关西蒙·莫林的故事。莫林认为自己是耶稣基督，被送进了精神病院，在那里，他见到了另一个自认为是耶稣基督的人。伏尔泰说，"西蒙·莫林感到很震惊，从对方的身上认出了自己的愚蠢，曾经一度，他神志恢复正常。”

艾布·哈米德·安萨里（Abu Hamid al-Ghazali）年轻的时候也经历过知识论危机，他发现“基督徒的孩子是在信仰基督教的氛围中长大，犹太人的孩子是在坚信犹太教的环境中成长，穆斯林的孩子是在恪守伊斯兰教清规下长大”。安萨里面对的困惑与西蒙·莫林和对圣诞老人半信半疑的孩子面临的情况差不多。但是，他面临两个特别的难题。第一，我们的信仰不是由我们决定的，就像安萨里发现的那样，我们被一些“信条”束缚着，我们的信仰取决于我们周围人的信仰。第二，一定有人是错的，而这个人也可能是我们。

人们常常在认识到束缚他们的信条之后，耸耸肩，然后继续保持原来的信仰。就像一只土拨鼠钻出洞来，在看到了自己的影子之后，又一头钻回了洞里。伏尔泰也曾这样描述过莫林，“有时候当他见过其他‘耶稣’之后，又会重新陷入胡言乱语的状态，开始了他的说教。”但是，安萨里探索真理的欲望使他不安于保持与宗教的这种幼稚的关系。他在伟大的精神自传《迷途指津》（*al-Munqidh min al-Dalal*）里提到，他“敢于从被信条束缚的谷底，攀上独立探索之巅”的勇气，踏上了寻找终极真理的历程。

公元1011年，安萨里出生于图斯——位于今天的伊朗北部地区。他幼年丧父，但留给他遗产作为未来教育之用。安萨里师从内沙布尔顶尖的神学家们，年轻的时候就开始著书立说，撰写了一些关于伊斯兰法律和宗教神学的书籍,听说至今仍在使用。他完成学业之后,担任塞尔柱帝国苏丹马利克夏的大臣顾问。在他 34 岁那年,担任了阿巴斯王朝的最高教育职位。在此期间,他争分夺秒,全心投入研究,写了两部著作。其中一本是《哲学家的宗旨》,他在这本书中构建了穆斯林亚里士多德派的理论体系,然而又在另一本《哲学家的矛盾》中推翻了这一理论。

安萨里对伊斯兰律法了然于胸,出版的神学和法学的书籍流传甚广,受到世人的敬仰,并拥有政治家的敏锐。从这一点来讲,安萨里可算位于塔尖。然而,他却在中年的时候感到了无边困惑和迷茫,陷入了但丁所说的“黑森林”中,绝望万分。他明白,尽管他对伊斯兰教的知识了如指掌,但他却未曾参透其真正内涵。他发现自己跟其他人一样,内心仍被野心、欲望、虚荣、焦虑和厌倦所困扰。在接下来的六个月里,他的内心里有两种声音在撕扯。一种声音让他继续保持原有的状态,带着苦恼生活下去。而另一种声音驱使他与现在的这种生活彻底诀别。最终,他鼓起勇气,踏上了新的人生之旅,并在《迷途指津》中记录了下这段旅程。

*

当他发现我们的信仰受到父母和家庭的重要影响之后,决心去为真理寻找稳健的根基。安萨里告诉自己,“我要找寻的是事物的真理,因此,我必须首先探索到底什么是真理。”就像被告知圣诞老人不存在的孩子一样,他意识到自己必须想方设法弄个究竟。他采取的策略就是反向思维。通常我们会对被告知的事情深信不疑，直到事实证明这是错误的。我们的日常思维类似于现在的司法制度：一个人在被证明有罪之前被视为清白的。但是，从安萨里的目的来看，这种方法太宽大仁慈了，使我们无法逃离信条的束缚。因此，安萨里为了寻找一种完全的确定性，采用了完全相反的方法。他试着对自己的信仰源头提出质疑，如果有一丝疑问的话，他就暂时把它搁置一旁，直到他能找到它们的坚实的根基，即在被证明是清白之前都视为有罪。

究竟有没有一种信仰不存在一丝怀疑？这个世界上有没有完全确定的事物？除了死亡和缴税之外，我的学生们还列举了一些确定无疑的例子。第一种例子，类似于“我的书在桌子上”这种确定事实，安萨里称之为感觉资料。第二种是数学和逻辑证明，就比如“2 + 2 = 4”和“所有未结婚的男人都是单身汉”，安萨里称之为不证自明的事实。第一种确定性来源于直接经验，而第二种则源于逻辑推理。这两种确定性似乎都不容争辩。但是，安萨里谨慎地用自己的方法加以检视，他想知道这些真理是否真的毋庸置疑。当我们依靠感觉和理性作为建立真理的基础时，这些基础是否真的确实无疑？

感觉判断真的不会出错吗？通过反思，安萨里发现并非如此，他列举了两个例子推翻了这一观点。第一，感觉告诉我们树的影子是静止的，但事实上，它是随着太阳光的角度而缓慢移动的。第二，感觉告诉我们星星很小，但是经过精确的几何计算，星星的体积是十分庞大的。他从这两个例子中得出结论，感觉资料并不是完全可靠的。

在这两个例子中，有人可能会认为感觉材料只有在随意使用的情况下才不可靠。那么，如果我们慎重地使用感觉材料，就能接近真理了吗？尽管安萨里的这两个例子缺乏哲学上的严谨，但它包含了一种诗性的真理。首先，我们的感觉为我们呈现了一个不断运动变化的世界。不存在静止的事物。大树在无风的状态下看起来是静止的，事实上一直处于变化的状态之中：叶子的颜色在慢慢改变，年轮在树干中生长，树枝不断地向阳伸展。因此，我们怎么能完全掌握正在变化发展中的事物呢？每一件事都好比不断移动的树影，我们无法完全觉察。第二，感觉是由人的尺度来衡量的。即使是在人能感觉到的这一维度，也布满层层复杂的谜团，要不是借助高倍显微镜，我们永远也法揭开神秘的面纱。更何况，宇宙可能要远比我们目前能通过知觉观察到的更加复杂。另外，与蜜蜂、火星人、天使或上帝相比，我们可能缺少了某个感知事物的关键器官。现在有一个理论使物理学家很着迷，那就是宇宙是由震动的弦线所形成的，一维空间的物体只有长度，没有高度或深度。我不知道你的感觉如何，我头脑已经不够去想三维空间里的物体了。

但是，那些不证自明的事实呢，比如，2 + 2 = 4？这些事实就牢不可破吗？为了回答这个问题，让我们先来回想一下。我们一开始相信父母的判断是权威的，但后来我们发现，父母有时也是错的。

感觉似乎是真理可靠的来源——我们常说，“眼见为实”。但是，经过仔细审查，感觉判断也会出错。当你从门缝里看到父母在写圣诞老人的留言后，“感觉判断”取代了“权威判断”，同样的，当你了解到星星的实际大小和多维空间的存在等事实后，你的“感觉判断”就会被“理性判断”所替代。现在轮到理性判断本身了，我们能够相信纯理性的完美推理吗？它看起来是那么的无懈可击。理性是衡量真理的最终标尺吗？安萨里想，是否有比理性更高的衡量标准，一旦它出现，甚至连“理性”这两个字的发音都要被纠正。我们不能仅仅因为不知道更高的衡量标准是什么，就否定它的存在。如果死后有知，想象你的灵魂问上帝，“我一直在想，我对 2 + 2 = 4 这一事实的自信是否无可厚非。至少这最基本的算数题我是正确的吧？我的理性告诉我，算数是最牢不可破、最基本的真理，这到底是否可靠？”高深莫测的上帝可能会笑着说道：“好吧，我知道你为什么会想，这是由于你大脑的结构所决定的。但是，事实上，正如人类科学家需要超越月亮比星星大这样的想法之后，才能使天文学更加精确，你需要具备打破算数正确性的数学知识后，才能勾勒出整个宇宙。”有希望的话，你还可以和上帝谈谈其他的事情。

在感觉和理性的严谨合作下——即科学的名义下，现在许多人反对宗教。反对者们最常问的问题就是，“你从未见过上帝，为何要信仰上帝？”但是，如果安萨里是正确的，那么光凭我们的感觉，是无法揭开整个宇宙的神秘面纱的。即使可以和最精确的理性推理结合，人类也无法探索出终极真理。因为，至少有可能存在着人眼和思维能所不能及的地方。想象一下，一个视力良好的旅行者，发现了一个孤岛上住着一群盲人。旅行者向他们描绘了椰子的色彩和波光粼粼的水面，虽然他们感到神秘不已，但有可能在脑海中错误地构思了波光和棕色的概念。

但与此同时，这些盲人如何能相信旅行者狂野的故事，因为这些故事完全超越了盲人感知的范围。同样的，我们又怎么会相信宗教人士说的那些诸如天使和三位一体的说法？安萨里证明人的能力是有限的。他尚未解开现实的面纱，也未亲眼目睹终极真理。他不断寻找，得到的却是苏格拉底故事一开始就揭示的说法：他知道他一无所知。宗教建立在权威之上，权威可能出错；科学建立在感觉之上，感觉可能出错；数学和逻辑建立在理性之上，理性可能出错。安萨里对真理的渴望驱使他不停地探索。

然而，他继续英勇地追寻着苏格拉底的足迹，决定质疑那些声称知道真理的人：各种各样的宗教团体和哲学流派。他发现那些自称拥有智慧的人其实是在自欺欺人，这一结论并不会让苏格拉底的学生感到吃惊。宗教和哲学组织从一开始就盲从一些所谓的毋庸置疑的真理。对于宗教团体来说，一本书、一个机构或一位领袖就是权威的象征。而对哲学流派而言，虽然他们声称避免了宗教团体所犯的错误，但却迷信于理性和感性认识。从这层意义上来讲，宗教要比哲学理论诚实多了，因为宗教虽强调信，而哲学理论却声称其本身就是真理。

你一旦接受了一些观点，比如，快乐和痛苦是行动的终极指南、对感觉资料的严格检验是通向真理的唯一途径、“事情本来不分好与坏，只是想法不同而已”，那么你就能建立起一种前后一致的宗教观或哲学观。但是，为什么你要接受这种观点而不是其他的观点呢？安萨里深刻地概括了他的体会：“人们应该努力去寻求真理，直到最终发现自己所寻的是永不可得的。”但问题是寻找真理的人们往往走了捷径，寄希望于那些所谓的毋庸置疑的真理，其实他们应该将探索进行到底。就像苏格拉底一样，安萨里也明白了，真正的智者其实并不那么睿智。

最终，安萨里偶然发现一个很特别的派别：苏菲派。安萨里之前研究过的宗教和哲学派别，当被问及他们的核心真理时，他们的回答都是一些信条或教义。而苏菲派却告诉安萨里，他们确实也有可以阐述的信条，但是他们的指导原则是，探索者必须自己去体验真理。如果安萨里想要寻找必然，仅仅看一些教义学说是远远不够的，这样会一直心存疑惑。他必须进入到必然的状态中去。

他必须去感知——没有更好的词了。想象一下，一个年轻人想要体验喝醉的感觉，他从反酒驾母亲协会得到一份宣传手册，从科学家那里得到一些物理学上的解释，从百威啤酒那儿得到了促销材料，并读了查理·布考斯基的诗歌。最后，有人把他拉到一边，说道：“你想体验喝醉的感觉吗？这有一瓶威士忌，喝了它吧。”苏菲派认为，如果安萨里想要寻找必然，必须把真理当做酒，去体验醉酒的感觉。

苏菲主义是伊斯兰教的一个学派，宗教学者称之为神秘主义。宗教神秘主义派别认为，每个人都可以穿越遥远的距离直接和神面对面。

在那六个月左右的时间里，安萨里犹豫地说道：“每天早上，我诚心诚意地去寻找，但到了晚上，强烈的欲望就会扰乱我，使我的诚意削减。”最终他在绝望中接受了苏菲派的意见。他放弃了家庭、财富、名誉以及舒适安逸，花了十年时间身体力行苏菲主义的行为准则，净化灵魂。这些行为准则有时被称为禁欲主义，是我们脱离世俗必不可少的途径。

长话短说吧，最终安萨里真的感知到了真主。在这种神秘体验中，他找到了那种毫无疑问的确定性，即一种实实在在的确定，而不是学术中的准确无疑。他找到了一直所探索的事物：万事万物的根源。这种探索因宗教而起，最终因融入其中而结束。

*

但我要强调的是，安萨里根本没有用“神秘体验”这个词汇。被逼无奈的情况下，他称之为一种“狂喜状态”或者“圆满体验”。甚至连“状态”这个词都有可能产生误解。他曾写下过一段不可思议的文字：

苏菲派所谓的“状态”，已超越了视觉形式，无法用简单的词汇去描述：

如果有人试图去描述的话，他的言辞一定会包含明显的错误，使其不能自圆其说。但总的来说，这最终是一种接近神灵的体验，有的称之为“神存在于我内心之中”，有的称之为“与神合一”，还有的称之为“与神沟通”，但这些都不准确……真正感受到的人，下面这句话就够了：“那种状态不可言说，自己去感受，别试图解释！”

尽管这种“状态”无法用语言表达，但有些事情对安萨里来说是确信无疑的。安萨里对许多宗教的基本事实一直了然于心，但不同的是，他现在是从内心感知它们。就像是穷人家的小孩把脸贴在面包店橱窗上，最终获准走进面包店，吃到了点心一样。

安萨里并没有详细叙述他的神秘主义修行，这有点令人好奇。鉴于我们对苏菲主义知之甚少，我们可想象一下苏菲舞：通过身体不停旋转，达到一种无限的眩晕。感知神灵的这个观点，尤其是在我们后迷幻时代，产生了一些新的解释，认为“神志错乱”（借用诗人兰波的诗句）才能开启“感知神灵的大门”（威廉·布莱克）。英国伟大的文学家泰德·修斯曾说过，“传统神秘主义者的修行是去精心地践行一种神圣的仪式。正是这种神圣的仪式，巩固了人的内心世界，给了人们一种形式去体验神秘，使之与日常生活相连。如果没有这种神圣的仪式感，那些服用药品的人只会把自己禁锢在内心的监狱之中，就像逃避镜头一样陷入消极、孤立和无意义。”安萨里获得的狂喜状态与一些宗教感知体验是不同的：因为那种神秘是“超越了视觉形式，无法用简单的词汇去描述的。”

安萨里是在抛弃了社会经验、感觉经验、理性经验，甚至是宗教经验之后，内心空无一物，最终才感受到内心的丰盛。是的，神凌驾于我们的感觉和理性之上，并不是我们幼稚的头脑所勾勒的高大、万能的形象。

苏菲派的行为准则，是为了让我们克服所有的欲望，因为这些欲望的存在使我们远离了神灵。而其中一个最强烈的欲望就是对信仰的渴求，想要牢牢抓住一些所谓的真理。正因为安萨里真正地抛弃了这些所谓的真理，才使他接近了真理之源。也正是因为他回归到了对真理本身最纯粹的追求，摒弃了短暂的满足，他的愿望才最终得以实现。西蒙娜·薇依借用了爱斯基摩人的一个神话故事阐释了这一点：“在永恒的黑暗之中，无法觅食的乌鸦渴望光明，于是大地被点亮了。”最终，安萨里真实的神秘体验也为我们带来了光明。他自述的哲学过程，以怀疑和绝望为养料，以哲学和宗教流派的研究为种子，以苏菲派的神秘主义修行进行灌溉，最终，以灵魂感知到了真主为收获的果实。

*

无可否认，沉浸于神圣这件事似乎超越了我们能理解的范围。为了便于理解，我们可以做一些类比。就像安萨里说的那样，“或许你的水平还没达到能够理解这些话语的高度，但你可以把难度降低一些。读一些自己能够理解的文字，这样会比较适合你。”我们可以把安萨里的旅程——即他的“迷途指津”——比作是恋爱的过程。这个类比也经常被神秘主义者使用。

首先，我们假设，有两类人从来没有体验过恋爱的感觉。第一类人是浪漫主义者，他们认为自己在爱情中可能会爱到死心塌地。在我们的类比中，浪漫主义者相当于从未感知过上帝的宗教人士。第二类人是爱情怀疑主义者，他们认为爱情不过是美化了的欲望和荷尔蒙的混乱。而这类人就相当于无神论者。

有时会有一种特殊的浪漫主义者，一种爱做白日梦的浪漫主义者，他们渴望真正的爱情，于是四处去寻找真爱。这些人就好比哲学家，安萨里就属于其中之一。但是，正如你所知道的那样，一心想谈恋爱和谈恋爱本身是两回事。当然了，也有一些浪漫主义者和哲学家会自欺欺人。但是，一位真正渴望爱情的人不愿意在真爱上有所妥协，因此无法找到真爱的他们，最终陷入了绝望。安萨里就是如此，尽管他看到很多体面的真理候选人，但他最终还是无法找到自己深切渴望的确实性。

好消息是，一旦你放弃了所有希望，很有可能就在地铁上遇见你的灵魂伴侣。“在永恒的黑暗之中，无法觅食的乌鸦渴望光明，于是大地被点亮了。”从某种层面上说，每个人都有机会遇见真爱，无论是信仰者还是无神论者。如果神灵和爱神想现身，他们自有办法让你心领神会。当你真的坠入情网，无论你是谁，你一定能够感知它。用安萨里的经验来说就是，你会对这一感觉确定无疑。如果你的一位朋友表示怀疑，劝告你，“得了吧，你一定是神志不清了。”那么你可以老调重弹，笑着告诉他：“爱情也可能会发生在你身上。”同样的道理，对那些极少数感知到神灵的人来说，他们对这一经历是深信不疑的。与那些普通的信徒（或无神论者）不同，他们不会随便找一些证据去支撑他们的信仰。

接下来，让我们直接忽略过程，假设你已经找到了真爱。你想把内心的感受告诉你的爱人。于是你说道：“我非常，非常爱你。我对你的爱比海深，比天高，我听起来似乎很愚蠢吧！但我只是无法用语言描述我的感受！亲爱的，你仔细去体会，不要让我用语言去表达。”安萨里本人给出了明智的建议，“陶醉于爱情中的这对恋人，应该把感觉珍藏于心，不要用语言表达出来。”因为，爱情的体验不同于你以往的任何体验。你的爱将延伸直到永远，而此刻就在你的怀抱里。同样的，当安萨里的神秘主义修行达到顶峰之后，他发现自己也处于这种状态，他无法用有限的言语去描绘这种感受。

或许由于你是人类，你不愿放弃用语言去描述你的经历，于是你打开了一本诗集，看到了约翰·弥尔顿的诗句“与你交谈，使我忘却了时间”，或是威廉·莎士比亚的“我给你越多，我拥有越多，因为两者都是无穷无尽。”抑或是艾米莉·狄金森的诗句：

如同在伊甸园荡舟，

你就像大海

今夜——我唯愿沦陷在——

你的怀里。

你心想，“说得太对了！这恰恰是我想要说的。”怪不得连那些头脑冷静的会计师，也会在情人节当天，花二十四美元买个上面写着这些诗句的礼物送人。

同样地，安萨里重读《古兰经》时，他发现，“说得太对了！”那些盲目的信仰者认为一本书是神圣的，因为权威说它是神圣的。而神秘主义者称一本书为圣书，那是因为它是真的神圣。《古兰经》用发人深省的方式道出了真理，而这些真理正是安萨里在神秘经历中所感受到的，如同莎士比亚与其他诗人让原本难以言喻的情感有了居所和名字一般。

正如诗人在描述爱情时会运用比喻、韵律和意象一样，一本经典也只能通过“间接”的方式来讲述神圣。我之所以给间接一词加上双引号，是因为诗歌的语言本身意味深刻，而不仅仅只是把直白的话包装一下。诗歌之所以能直抒胸臆，正是因为诗歌的语言中蕴含了间接的深意。当我们认为语言如果不是表达“字面上”的意思，就“仅仅只是比喻”的话，那我们就完全误读了文字的作用，读经典时尤是如此。

现在让我们继续刚刚这个关于神秘体验和爱情的类比：为了使我们所信任的这一真理在生活中永远维持下去，最后的时刻我们需要将其转化为一种仪式。对于爱情来说，这就意味着婚姻。当你全部的心跳都跟随着你所深爱的人，你不需要任何承诺去保证这一真实性。虽然不需要，但你不管怎样还是会作出承诺，并以此来表达你无穷无尽的爱意。婚姻是我们认真对待爱情的一种方式，当我们真心相爱时，我们发誓要长相厮守。婚姻是一种公开承诺，也是一种制度，让我们对彼此永远保持坦诚，当感情被岁月冲淡时，永远铭记那神圣的一刻。对神秘主义者来说，至少对安萨里而言，这最终时刻就是回归到宗教传统之中，因为只有在宗教中，信仰才能在脆弱的人性中获得维持。

*

在这十年里，安萨里离群索居，努力践行苏菲主义，净化自己的灵魂。他在修行的过程中体会到了快乐。但是，有的时候，他充满神性的新生活却催促他回到那个令他不开心的尘世之中，让他继续传教，回归家庭。他意识到这是他的使命，利用他的自我发现去拯救现世信仰的危机。他把自己当做一名科学家，倾其毕生去寻找治愈疾病的办法。而现在他已经找到了治愈方法，他必须终止科学家的工作，投入到医生治病救人的角色当中。现在他对是否回到尘世间犹豫不决。最终，一位苏丹的命令要求他重新回到原来的职位。就这样，安萨里又重新开始教书。在他的这段真实旅途中，他的回归不单单是重回原点，而是螺旋式的前进。现在的他是基于谦逊的心教书，而不是为了荣耀自己；是基于对学生的爱而讲道，不是为了自我矜夸。他称自己为“心灵医生”。

这位神圣的心灵医生，在他孤独而深刻的内心当中，发现了每一个人都有问题：顺从的信仰者、怀疑主义者、理性的哲学家、温和的探索者、陶醉的神秘主义者以及智慧的人。现在，他能够准确地诊断出每一个人的毛病，并对症下药。为了让顺从的信仰者有更深切的体验，他必须引起他的认识论危机。对于怀疑论者，他必须让他陷入绝望。而理性的哲学家必须亲眼目睹理性是如何被自己推翻的。温和的探索者需要被提醒，探索过程中的一切都至关重要。陶醉的神秘主义者也需要接受教导，因为他们容易遗忘仪式和宗教的必要性。或许，安萨里最重要的任务和使命就是协调这种神秘的精神感受和宗教之间的关系。在他看来，两者是密不可分的。他把这种精神内涵注入到了宗教之中，同时，又把宗教作为精神内涵的载体。毫无疑问，这是人类文化中的两个最高任务。

*

直觉告诉我，我们大多数人至少有过一次神秘的体验，储藏在大脑的神经之中。正如安萨里发现的那样，这种经历超乎了语言能形容的范围，我们也无需去表达。一谈及它会让我们疏远了日常生活。幸运的是，诗人不会如此困窘。几乎所有的诗人都可以间接地描述那种神秘的状态，在那一瞬间仿佛踏入了永恒之中。

有一段话我很喜欢，因为这段话在最微小之中发现了崇高，出自于奥地利的一位诗人兼剧作家雨果・冯・霍夫曼斯塔尔：

一天晚上，我在胡桃树下发现了一个半满的水罐，是一个年轻的花匠忘在这儿的。小水罐被树荫掩映住了，一只小水虫在黑暗的水中游来游去，从一边游到另一边：这一些细微的小事使我感受到了一种无限的存在，从发根到脚底，全身为之一震。我在脑海中搜寻所知道的词汇，想要去描述。但是如果我找寻到了，我就把这些小天使们，交付给了我不信任的人。

很少有人，尤其是诗人，能够完全理解这段神秘经历所降临的指示，因为我们缺少自我修行。安萨里用了十年的时间，过着清贫的苦修生活，才最终使他感受到了最深刻的含义。然而，当这种神秘的经历出现时，我们确实感受到了宇宙的奥秘，现实是如此的伟大，不可思议，令人敬畏。我们与现实紧密相连，现实对我们也有所要求。

我也有过一次神秘的经历。我九岁时的某一天下午，课间休息时，我们在扫雪车堆砌的雪堆上面玩山中之王的游戏。我和小伙伴帕姆相互配合，想把那个矮胖的家伙推下去，每次他只要一登顶，几乎就不可能挪动他。我们像布偶猫一样被他扔到了底部。正当我摸索着站起来时，一团雪散落在了我的围巾上，阳光映照在雪花上，分外闪烁耀眼，我被这眼前的景色倾倒了。就在那时，帕姆猛然间倒在了我的怀里，我抱住了她，怕她摔倒。她蓬蓬的风雪衣压在了我身上，我们向后倒了下去。在我们倒在雪地上之前，应该有一秒钟的停留，但时间在那一刻静止了。我感到内心深处有东西在迅速膨胀：就像起泡酒一样，感觉自己要迸发了。当然，部分原因是我对帕姆有一种模模糊糊的喜欢，但在我九岁的脑袋瓜里还搞不懂喜欢到底是什么。就像一张拼图，找寻到了适合自己的那一块。就在那时，周围的一切仿佛焕然新生：雪衣、阳光、帕姆金色的卷发、红砖教学楼、山中之王。这一切对我来说都变得弥足珍贵，特别是帕姆。我们摔得很严重。我搀扶着她，摇摇晃晃地站了起来。忽然间，她冲了过去，跑向了雪堆的顶端，出现在了那个山中之王的后面。最后我的内心也满怀喜悦。

什么是哲学或者宗教——抑或是人生？就是试图去让我们接近这种神秘体验中隐含的巨大深意，当这种感觉出现时我们不会不知所措，表现得像个傻瓜，使我们以最好的状态去感知这种体验。

在我读研期间的一个下午，我正在阅读一些诗人和哲学家的书，这些作品能帮助我去描述那种奇怪的经历，此时我收到了母亲的一封信，里面附了一则帕姆的讣告。帕姆的车撞上了一块冰，然后猛然滑向了一辆开来的卡车。她兄弟开车跟在她后面，目睹了这起车祸。事后，我想在她人生的最后一刻，也许又感受到当初我抱住她的那一刹那，在雪堆里获得的神秘经验。

6. 理性始于梦魇

每天，我们有一半时间都生活在地球阴影之中，死神的兄弟又勒索了我们生活的另一部分时间。

——托马斯·布朗爵士

我们已经讲了很多话题，但还没有开始讨论梦，这着实很奇怪。那么接下来就让我们开始吧。苏格拉底在刑前的那天晚上，做了一个很奇怪的梦；斯多葛学派建议我们每天早上仔细地审视梦境，以此来检验我们是否取得了进步。博尔赫斯给我们讲述了一个故事，有个人计划写一本内容涵盖宇宙万物的书，在生命即将走到尽头时，他润色完最后几行字，抬头仰望夜空，感谢上苍让他完成了这本鸿篇巨制，忽然间他意识到，他忘记感谢月亮了——博尔赫斯总结道："我们总是忽略了关键。"（"Simpre se pierde lo esencial"）。

每一个头脑清醒的人都不应忘记，我们有三分之一的时间都在睡觉，死神的兄弟（睡眠）把我们的思想带入了奇怪的情景之中。

伊曼纽尔·康德的巨著《纯粹理性批判》并没有分析梦境。但是对纯理性的批判还有比梦魇更有力的吗？哈姆雷特说道，“霍拉旭，天地之间有许多事情是你们的哲学里所没有梦到的呢。”即使是最详尽的哲学体系都忽略的就是梦境。弗朗西斯科·戈雅有一幅著名的蚀刻画，名为《理性入睡催生恶魔》。但在西方哲学史上有一件很讽刺的事情，那就是随着科学、民主和科技的发展而成熟于现代的理性主义，诞生于梦魇之中。恶魔的入睡产生了理性。

*

勒内·笛卡尔于 1596 年 3 月 31 日出生在一个名叫拉海的小镇上（现小镇改名为笛卡尔），他从小体弱多病，医生曾断定他活不到成年。他有一个睡懒觉的习惯，当他睡醒时，喜欢躺在床上，任思想自由驰骋。他十岁的时候前往拉弗莱什（位于安茹地区）的一所新的耶稣会学院学习，他学习了各类课程，尽管他对这些学科的严谨性很赞赏，但他轻蔑地认为这只是些华丽的修辞和无用的争辩。毕业之后，他继续学习法律。在他 22 岁那年，决心去寻找自身和世界这本大书中的智慧。他在二十多岁的时光里游历欧洲，参观法院，同农民还有贵族混在一起，讨好美人，去军队服役。

在三十年战争期间，勒内·笛卡尔曾是一名士兵。三十年战争，无论是从起因还是从惨痛的后果来看，都堪比第一次世界大战。这场战争的根源是，到底应由新教徒还是由天主教徒来统治神圣罗马帝国（伏尔泰曾讽刺地说道，既不神圣，也不罗马，更非帝国），强权政治将欧洲四分五裂。即使是没有遭军队侵袭的地区，也承受着战争带来的疾病、饥荒以及贫穷等代价。

1619年的夏天，笛卡尔前往法兰克福参加斐迪南二世的加冕礼。因不着急返回战争的泥潭，他一直待到了冬天才返回巴伐利亚的马克西米兰军营中。由于天气恶劣，几乎整个十二月份他都待在一间屋舍内，这个屋舍位于多瑙河畔的一个小镇附近。他无所事事，更无法与人进行思想交流，他大多数时间都待在一个大肚取暖炉旁边，他曾说道，“我可以自由地与自己对话，交流思想，不受任何打扰。”一天他沉思过后，打了一个盹，并做了三个连续的梦——事实上是三个噩梦，这三个梦改变了世界的历史，比任何国王的加冕仪式都意义重大。

第一个梦中，他梦见自己在街上行走，看到几个恐怖的幽灵正向他靠近。他很害怕，于是小心地穿过大街到对面去。忽然间，他感到右侧的身体很无力，此时一阵强风吹来，他只能靠着左脚站立，整个身子被风吹得团团转。他停下来，看见了一所学院，他向学院的教堂走去，希望能祈祷减轻痛苦。经过一个陌生人身旁时，他意识到跟这个人相识，觉得应该折回去向他问好。另一个陌生人叫他的名字，并递给了他一个甜瓜，告诉他将甜瓜递给他要找的那个人。风刮得更猛烈了，笛卡尔此时从梦中惊醒了。他眩晕无力，觉得这是魔鬼在蒙骗他，他辗转反侧，仿佛这么做会有帮助似的。

笛卡尔在床上翻来覆去无法入睡，和大多数失眠的人一样，他也在思考着善良和邪恶的问题。几个小时之后，他又不知不觉地睡着了。他开始重新做梦。忽然间他听见了一声巨大的雷声。他醒了。分不清到底是真的清醒了还是在梦中，他看见一道火光在屋里飞溅，就好像要将他吞噬在火光之中。他动用了所有的哲学力量，慢慢使自己镇静下来。不知不觉中又陷入了第三个梦境之中。

他看见桌子上有一本吸引人的字典，想伸手去拿时，字典消失了。忽然另一本书出现了，是一本诗集。随意翻开它，笛卡尔发现了一行诗："我该以什么样的方式生活？"与此同时，一个陌生人走近他，给了他一首开头为"是与不是"的诗，告诉他这是一首很棒的诗。"我早就知道这首诗了"，笛卡尔骄傲地说道，"事实上，这首诗在这本书中也能找到。"他开始快速地翻找诗集，但他始终无法找到。他告诉陌生人他知道一首更棒的诗，开头为"我该以什么样的方式生活？"他又努力地翻找这首诗，却看到了几张精美的雕刻画像。但在他尚未找到那首诗之前，书和那个陌生人都消失不见了。但此时，笛卡尔并没有醒来。笛卡尔意识到这是一个梦，他开始对梦境进行解释。

他认为字典代表着科学，而诗集代表着智慧。同样的，诗一开头的"是与不是"指的是真伪之辩，至于"我该以什么样的方式生活"则关乎道德和命运。笛卡尔醒来后，继续解释他的梦。他拿的那个甜瓜象征着"独处的智慧"。那几张精美的雕刻画像又代表着什么呢？第二天，他见到了一位意大利画家，笛卡尔意识到梦境中的意识一定是看到了自己不久以后的未来。他认为第一个梦境中的旋风和幽灵是邪恶魔鬼的杰作，试图将他推向他已经朝向的错误方向。然而，第三个梦境中的雷声和喷出的火光则象征着真理精神，将他团团围住并带他进入科学和智慧的世界。

在梦境即将结束之际，笛卡尔内心感觉到绝对知识存在于意识边缘，就像呼之欲出的新语言。他应遵循怎样的生命之路呢？他命中注定要打开三个梦魇赐予他的礼物。他必须找到生命这本书中的真理与谬误。这本书并未完全消失；它只是内化于笛卡尔的头脑中，他只需稍加思考，就能重获本书的神圣智慧。这一任务他拖了二十年。

此时，笛卡尔放弃军旅生活，参观罗瑞塔修道院参拜了圣母玛利亚（以防第一个梦境真的暗示他去礼拜祷告），并为几何学、光学、气象学和彩虹研究做出世界性的历史贡献。最后，笛卡尔觉得他不能再拖下去，独处一周后准备重建刚好隐藏在意识基础之下的人类知识。他连续六天沉思至深夜，刚好是上帝创造世界所花的时间。他每晚沉思并记录，六天晚上写完六篇，集结成书，也就是伟大的著作《第一哲学沉思录》。整个场景像极了他之前的梦境：炉火，蜡烛，独处。他一周未脱下睡衣。

*

第一个晚上，笛卡尔仔细审视自己的信念，并且意识到它们是如此经不起推敲。大多数他所相信的事物都是来自其他权威人士，但是他们也经常互不认同，错误百出：“我还想到，同一个人，有着相同的心智，如果在法国或德国被养大的话，会与被食人族养大有截然不同的发展。”就连严谨的教育似乎也无法摆脱权威的影响。笛卡尔反思自己在哲学和神学方面的整个教育过程后表示，“我发现，很难想象有哪个哲学家没说过奇怪或不可思议的东西。”他当然知道哪些哲学家做过这样的事，西塞罗的《预言书》就是个例子。笛卡尔一生接受一个又一个观点，在自己思维体系建构中灌入这些观点。他意识到倘若要建立知识的永恒结构，首先必须在有生之年把信以为真的见解统统清除出去。他必须彻底摧毁这些见解并根据靠谱的计划开启新的构建，构建一个绝对坚实的基础。

笛卡尔找到坚实基础的方法几乎同安萨里一样。（第一沉思整体来说与苏菲派的逻辑极为近似，因此有学者怀疑他有剽窃之嫌。我的个人看法是，不仅英雄所见略同，所有的人所见略同，尽管他们常常得出不同结论让人难以理解。）笛卡尔的计划是，只要有一丁点怀疑的观点就必须搁置，直到能完全确定为止。这就好比有罪推定原则。他不像醉醺醺的泥瓦匠随意灌入每种观点，而是将用清醒的怀疑之锤砸碎头脑中所有内容直到找到毋庸置疑的观点，找到坚不可摧到可用来作为所有正确观点的基础。他无需借由信仰来支撑信仰，如果他能拉倒支撑的横梁，那么建立在横梁上的所有信仰就会应声倒地。

笛卡尔想到，我们几乎所有观点都在仰赖感官作为支撑的横梁。第一个无声的怀疑（第一沉思的怀疑建立在一种渐次加强的思想上）

是感官有时会欺骗我们：比如，我们看到道路上的水，实际上是一种幻象。这样的例子让安萨里否定感官可以作为某些真理的来源。但是笛卡尔进而提出怀疑，感官对远处的事物固然可能出错，感官在大部分熟悉的事物方面是否具有欺骗性呢？比如，他坐在火炉旁，穿着睡袍，手中拿着一张纸。他晃动双手并恼怒地发问："我怎么可能否定这双手是我的呢？"

怀疑的音量越来越大。什么是疯狂？笛卡尔在噩梦清单里提到了各种疯子，例如，一贫如洗却以为自己是国王，一丝不挂却以为自己穿金戴银，以为自己的脑袋由黏土构成，以为自己的身体完全是玻璃做的，甚至认为自己根本不是人类而是具有人形的葫芦。笛卡尔想，有没有可能自己的手已被砍掉，但被骗的大脑被胆汁的黑气扰乱（这是笛卡尔对疯狂的古怪理解），因此欺骗自己相信手仍然安然无恙？有时我会问自认为神智清醒的学生："你能确定自己不是一个葫芦吗？"探索心智——即使是在几何方面头脑清明的笛卡尔——很容易引导人们走向疯癫的领域。笛卡尔自己不愿走上这条路，但他的两个优秀的具有批判精神的批评者与追随者却一头钻进了疯狂的世界——尼采和弗洛伊德。

虽然笛卡尔认为自己不可能疯狂，但他表示，即使最健全的心灵也会把许多时间花在做梦上。而梦境有时非常古怪，相比之下，"把自己当成葫芦"反而显得稀松平常了。彬彬有礼的绅士确实在战争中失去双手，如今反复做梦，梦中他晃动手指似乎要展示手指的存在。

这听起来离奇，但却不是没有可能。我们都知道笛卡尔做了很多栩栩如生的梦，他甚至相信自己可以在梦中保持清醒。笛卡尔想破除不完全自明的信仰，因此决定进入一个思想实验，为了发现具有确实性的事物，他假设现在的自己正身处梦境之中。

笛卡尔的推理既美妙又精确，他认为自己可以怀疑一切感官提供的特定信息（例如他的手存在），因此，建立在该信息之上的任何科学也值得怀疑。想象梦境里的物理学：物理学必须解释为什么一阵风吹来，我就能乘着风在天空翱翔。然而，具有几何思维的笛卡尔开始渐渐明白，即使在梦里也存在无可置疑的信仰，那就是数学真理，数学不因任何事物的变化而变化。不管他事实上有多少只手，1 加 1 永远等于 2。即使他手上的纸完全由梦境之物构成，一个长方形仍然是由四条边构成，有四个九十度的角。数学真理在逻辑上优于任何给定的经验吗？数学真理是他正寻找的完全自我确定的基础吗？要怀疑数学，需要比梦境更荒谬的世界，需要完美无间的骗局。

于是，笛卡尔心想，为何不拿上帝的观念来实验呢？有没有可能，上帝与我们过去所想的完全不同？有没有可能，上帝确实存在而且全能全知，但并非全善？上帝会是全能的骗子吗？想到这里，似乎不是没有这样的可能。笛卡尔深知这样的怀疑和提问很可能让他的余生都深陷在与宗教权威的对抗之中。然而，即使神圣全能者欺骗我们的可能性微乎其微，笛卡尔还是规定自己必须完全确定。他在摇曳的炉火旁沉思，意识到自己无法确定存在一个“邪恶天才”——这是他为假定的恶魔取的名字——掌控着他对宇宙的各项觉知。

为了实现梦中的承诺，发现绝对真理，笛卡尔假设存在一位全知全能但具有欺骗性的上帝。在这项新的改良的思想实验中，不仅感官真理值得怀疑，看上去最可靠的数学真理也值得怀疑。也许每当我们进行 2 加 3 的数学运算时，一个邪恶天才扰乱我们的思维以至于我们将答案误算成 5（实际应该是 7）——就好像留声机被撞了一下，唱片会突然跳针一样。当我们为数学能力的确实性欢呼时，邪恶天才躲在宇宙黑暗角落里轻声发笑，“这个把戏永远玩不腻！”

此时，起初的一点不确定性增强，逐渐融入到怀疑的交响曲之中。每一件事物似乎都变得不确定，哪怕是最简单的数学方程式和人类存在的事实都受到质疑。他陷入深深不安之中，决定去睡觉（或进入睡眠的幻觉中），他未能掌握世上的任何真理，就这样只身进入梦乡。

*

第二晚沉思一开始，他回顾目前为止取得的成果——用隐喻来说——他发现自己陷入旋涡，无法游上岸呼吸，无法把脚站稳在水底。但他并未放弃。笛卡尔与苏格拉底遥相呼应并大胆宣称：“我将继续沿着这条路走下去直到我发现确定的事物，或者，如果我无法发现确实的事物，也要确定世上并无确定性。”也许，世上还有一些真理具有确定性，只是一直受到忽视。

这样的真理在外部世界找不到，因为邪恶天才思想实验已经把所有感官和理性事物投掷于怀疑当中。在上帝那里也找不到，因为笛卡尔对上帝的本质和存在也无法确定。他自己如何呢？有可能运用怀疑之法来证明自己的存在吗？

我说服自己相信世界上什么都没有，没有天，没有地，没有精神，没有物体。难道我无法说服自己相信连我也不存在吗？当然不行，正因为我说服自己，所以我确实存在。世上存在着某种我不知道是什么的非常强大、非常狡猾的骗子，他总是用尽一切伎俩来骗我。然而，正因为我受欺骗，所以我存在；就让他想怎么骗就怎么骗吧，只要我能意识到自己，他就永远无法否定我的存在。总之，在完整且审慎地思索一切事物之后，我们必须主张，每当表达或思索“我是，我存在”这个命题时，这个命题必然为真。

或者，我们用他在《方法论》中的说法：我思故我在（Cogito; ergo sum）。即使邪恶天才利用一生使出无限力量欺骗笛卡尔，我们还是能确定一件事，那就是被欺骗的对象存在。哲学家们将这一著名的形而上观点简称为“我思”。

我了解的关于这一确定性最好的评论来自保罗·瓦乐希的诗：“我思中无三段论；甚至不取字面意；它是令人震惊的策略；反映知识、生活和思想；人们呐喊，‘我已拥有够多！你的怀疑对我毫无意义’。”换言之，它很像安萨里的体验。即使拥有怀疑主义的思维模式，但苏菲派的神秘体验和数学家的我思却不容怀疑。他们不以完美的阐释来看待真理：他们的思维融入真理本身并形成最原始统一体。

在安萨里和笛卡尔的例子里，真理必须得以展现。站在旁观者的立场，我可以怀疑安萨里的体验，正如我怀疑笛卡尔或其他人跟我一样正在思考。（孩童时期我就想知道自己看见的蓝色与其他人看到的是否一样。）但倘若我有神秘体验或宣称在孤独中思考，“我正在思考，所以无论如何我一定存在”，那么我便进入了无可置疑的地带。

*

笛卡尔清醒意识到自己的想法源自人性的意识。尽管他确切知道自己的存在，但是不确定自己到底是谁。他的记忆，他的名字，他的身体全部都可能是假的。第二沉思的标题是《论人的精神的本性及精神为何比物体更容易被认识》。“body”意指任何有形的物体。笛卡尔有一段优美的文字，即：

以一块刚从蜂房里取出来的蜡为例：它还没有失去它原有的蜜的甜味，还保存着一点它从花里采来的香气，它的颜色、形状、大小是明显的，它是硬的、凉的、可以触摸的，如果你敲它一下，它就发出一点声音。总之，凡是能够使人清楚地认识一个物体的东西，在这里边都有。可是，当我说话的时候，把它拿到火旁：剩下的味道发散了，香气消失了，它的颜色变了，它的形状和原来不一样了，它的体积增大了，它变成液体了，它热的摸不得了，敲它，它再也发不出声音了。在发生了这个变化之后，原来的蜂蜡还继续存在吗?

让我们也思考一下通常称之为身体的这个东西。想象一部间隔拍摄的影片，影片记录你从出生到死亡：有着胖乎乎小脸的你突然历经孩童时期长大成熟，此时拥有最美时光，然后脸部逐渐肿胀或憔悴，开始爬上皱纹，时而欢喜时而忧伤，皱纹逐渐变深，头发花白并开始掉落，小腿萎缩，视线逐渐模糊直至完全失去了光彩。此时的我如同蜂蜡被放到了火旁，我的肚子已不像过去拍打时会发出声响！我还是我吗？当然是，这是笛卡尔坚持的观点，我只是外表起了变化。

不要忘记笛卡尔曾提出更巨大的工程：完全改变科学。传统意义上，科学是对各种感官感受到的物质世界进行研究。笛卡尔着手建立能通过数学和物理来认知并由科技所控制的新物质世界。蜂蜡外形虽改变，但根据笛卡尔的观点，其细胞结构未改变。有时候我们仅仅将科学看作仔细观察我们的经验，然而科学家告诉我们的多半是超越正常感官的原子和暗物质。以日心说为例，在笛卡尔的时代，这种宇宙观引发了重大争议。从肉眼来看，星辰围绕地球转似乎是再明显不过了。笛卡尔和伽利略认为必须克服这些显而易见的现象。科学要向前发展，我们必须停止对蜂蜡和星辰表象的执着，投入到笛卡尔谈到的深层结构中的“明晰确定的观点”。

笛卡尔在今晚沉思的开端充满了阿基米德式的豪言壮语。阿基米德在发现杠杆原理后宣称，倘若给他一个足够长的铁撬棍和不可移动的支点，他能够撬动地球。笛卡尔在第二沉思结尾处找到自己的支点，即一条完全确定的真理："我思，故我在。"他唯一能确信的是他作为思维着的东西而存在："一个能怀疑、领会、否定、肯定、愿意、拒绝的事物，一个能想象和觉知的事物。"这是他得出的伟大成就，他需要休息一下。接下来他要做的是推动世界进程。

*

笛卡尔在第三个沉思开端将自己深深锁在意识里。站在确定的自己和宇宙其他事物之间的是力大无比的邪恶天才，他把怀疑的影子投射到感官和理性事物之上。笛卡尔能够用他微小而坚实的真理击败无所不能的骗子吗？大卫已找到了石头，现在他必须面对歌利亚。

笛卡尔要求自己必须确定每一个思考步骤。目前，他只能确定自己的意识和意识模式。所以，关于上帝（可能邪恶，也可能不邪恶；可能存在，也可能不存在），笛卡尔确定的是自己拥有上帝的观念，一种最高存有的观念。也许这种思想指的是真实的事情；也许完全是假想之物。上帝的观念到底是从哪里来的？

也许你认为上帝的观念来自于我们的父母或社会。但笛卡尔就这个问题未给出完整答案，仅仅只是溯源。我们的父母、祖父母和曾祖父母，他们又是从哪里获得上帝观念的呢？原始人类是否为观念中的上帝感到困惑呢？

所有观念有三种可能的来源：（1）世界（通过感官认识）——例如，我们获得马的观念是因为我们看见了马；（2）想象（通过综合我们的感性直觉）——例如，我们获得独角兽的观念是因为我们看见了马和动物的角并在头脑中加以混合；或者（3）上帝——例如，任何观念有可能是邪恶天才植入的，在它的恐怖实验室里刺激我们的大脑。

最高存有的定义不是我们的感官能察觉到的世界上的物体。我们可以看见马、石头、分子和超新星。至少在理论上看见独角兽和天使也是有可能的。但看见上帝是不可能的，因为最高存有超越时空限制。

大部分无神论者认为，上帝的观念来自于笛卡尔的第二种可能性来源：想象。我们对神秘的打雷声感到恐惧，出于无知而认为它是由超人类的力量引起。但笛卡尔提出引人注目的观点，他认为我们不可能去想象上帝，因为我们的想象能力受到感官的诸多限制。当然，我们可以想象未曾体验过的事物，如长着翅膀的天使和投掷晴天霹雳的巨人，但我们无法想象不可想象之物，即与我们经历的事物完全不同的存在。我们可以感知和想象有限的事物，即使非常巨大和强有力的有限事物也可以想象，但无法想象至高无上的完美的存在。笛卡尔用晦涩的学术语言说：“在自然之光的照耀下，我们可以看出，在动力与整体因里的现实，至少和动力与整体因产生的结果的现实是一样的。”用浅显的语言来解释一下，唯有上帝可以想象上帝。既然我们拥有上帝观念，那么上帝必然存在。唯有上帝才能将上帝观念放进我们心灵里，并像艺术家一样在他的作品上签名。

这个原本确认上帝存在的证据，却得出了一个令人意外的结论——上帝是不可知的。正如笛卡尔给朋友信中写道，“上帝的伟大……即使我们知道，却无法理解。”笛卡尔认为，倘若我们做到完全的诚实，我们应该坚持第二条诫命，不去想象上帝的样子。其实，尽管我们无法画出精准的图像，我们还是能拥有观念中的上帝。笛卡尔认为，我们能产生自身的智能无法构想出来的观念，这件事本身就证明了上帝存在。

第三晚的沉思后，笛卡尔并未孤独地去睡觉。宇宙中确实有其他存在。渺小的“我思故我在”在巨大的“我是自有永有的”旁边打盹。

*

但上帝是什么样的呢？上帝是仁慈的造物主，还是恐怖的邪恶天才呢？笛卡尔轻而易举得出了结论——“邪恶上帝”的观念是矛盾的。根据定义，最高存有不可能有任何限制或瑕疵。因为邪恶是不完美的，所以上帝不可能邪恶。当然，上帝有能力去欺骗众人，但没有任何迹象显示他这么做，因为“只要出现欺诈或欺骗，就是不完美。”笛卡尔否定邪恶天才的存在，正如圆的矩形是不可能存在的，因为逻辑上讲不通。

倘若“我思”是笛卡尔不可撼动的阿基米德点，仁慈上帝的观念则是他足够长的铁撬棍。他现在可毫不费力地将沉没在怀疑里的感官和理性撬出来。2 加 3 等于 5 吗？是的，正确无疑。他面前的双手如同出现的那样吗？是的，它们必须是。倘若它们真的不是这样，上帝不会允许这些观念存于脑海里。

但是我们的感官和理性确实产生过不真实的观念，这又该如何解释？梦境、幻象甚至科学历史都提供了例子，显示的确有各种错误信念漂浮于脑海。数学家庭作业本上数不胜数的红叉也证明了理性常常会出错。如果上帝是完美的存在，从定义来说，他不会欺骗我们的，那为何我们经常被骗呢？

从某种意义上来说，第四沉思是所有沉思中最激进的一个。它涉及恶的问题，这个问题最早由伊壁鸠鲁提出：“如果上帝想阻止恶，却没有能力，那么上帝就不是全能。如果上帝有能力阻止恶，却没有意愿这么做，那么上帝就是恶。如果上帝既有能力又有意愿，那么恶从何而来？”我们将在后文详细讨论恶的问题。在此我们的问题只局限在心灵的罪上。倘若完美的上帝创造我们的心灵，那我们的心灵为何如此不完美？

笛卡尔利用基督教长久以来的传统回应这个问题，这也许有失公允。为何全善全能的造物主允许我们的心灵产生错误，更别提犯罪了，如死罪、强奸罪和谋杀罪？无论是天真的学生还是沉闷乏味的神学家，答案都是：自由意志。上帝创造我们，不是要让我们为恶，但他确实赋予我们为恶的能力。这种能力，也就是自由，本身是了不起的天赋，因为自由是我们过有意义生活的先决条件。想象倘若上帝让我们如同机器人总是获得正确答案并做正确之事是什么样子。在数学或道德方面将无胜利或辉煌可言。即使拥有成绩或荣耀，也无法带来任何意义。所以，自由是一份礼物，它完全可以与全善的给予者相容。但自由意志很显然让我们有犯错的可能。尽管上帝并未打算让我们犯罪，但是他为我们留下犯错的空间。用神学术语来说，恶是一种剥夺，一种虚无，是全善的上帝在全善的创造过程中留下的缺口。恶是赋予生活以意义的漏洞。

笛卡尔提出一项原则，只有能清晰而确定地认识的事物，我们才接受为真。正如他的解释，“我称‘清晰’的感觉是在当下，显现一种专心的心理：正如我们清晰看见那些当下的事物进入我们专注的眼睛并足够强烈地显现出来。另一方面，我称‘确定’的感觉是可以与其他事物区别开来，轮廓分明，毫无混淆的可能。”简言之，我们犯错是因为我们拥有清晰（如牙痛）而确定（如算术）的观念之前，就接受某个观念为真。当我把幻象当成水，认为阴影静止不动，以为 13 乘以 14 等于 172，以为太阳围绕地球转，这些都不是上帝欺骗我，而是我滥用自己的自由权，无充足证据而贸然下结论。

因此第四沉思令人震惊的结论是我们从不应该犯错。倘若我们工作时思维清晰确定，我们离真理就更近一步。尤其是，笛卡尔认为我们可以将宇宙万物理解为数学对象，当我们运用数学模式作为审视感官的基础时，我们就能获得最大的清晰和确定。诚然，我们会经常留些问题待回答，因为我们的思维有限而宇宙浩瀚无边。但我们必须扩大知识面，在我们的视野之内，凡是清晰而确定的事物，我们都可以自信满满地理解。更具体来说，清晰而确定的知识是基于我思和上帝存在，并通过数学加以厘清，再借由感官而获得。未经批判认知的感官世界应予扬弃，新数学物理的基础已奠定，人们已准备好建造清晰确定的知识架构。

笛卡尔第四沉思结束了，他的任务基本完成，可以枕着松软的枕头入睡了，他自信地认为，三只羊加两只羊一定是五只羊。

*

第五沉思中，笛卡尔再次证明上帝的存在。

*

在第六沉思中，他专注于研究心灵的本质和物质存在的本质。经常有人认为笛卡尔是过分简单化的身心二元论者——心灵是住在身体机器里的魂。笛卡尔确实坚信身体和心灵是两种不同的事物，但他在第六沉思中的分析，以及在《论灵魂的激情》中的分析都非常精微和细致，并非像大家调侃的那样简单粗暴。事实上，关于怪异意识所引发的问题，笛卡尔的观察和描述是我见过的最细致的一个："我不仅如船上的引航员一样住在自己身体里，进一步讲……我同它紧密联系……混合交织在一起，难分彼此，仿佛原本就是一个整体。"

第六沉思中的一个重要观点至今仍旧困扰着人们，这个观点认为世界——包括我们自己的身体——是一台机器，它可以被科学的心灵认知，而科学的心灵虽然奇异地停留在这个系统里，却与系统是完全不同的东西。虽然笛卡尔因二元论受到批判，但至少他有勇气坦承自己的想法。许多同时期的科学狂热者坚持认为，心灵不过是大脑，是通过自然法则，包括进化论，而形成的机器，但他们无法解释心灵所拥有的两项特质：认知和意愿。我如何了解、操控和改变我也身在其中的自然呢？倘若科学能解释万事万物，却无法解释科学知识和科技欲望，难道不是极大的讽刺吗？

经过六个晚上的沉思，笛卡尔终于确定自己是个思考着的存在，上帝是存在且完美的，清晰确定的观念为真，身心虽密不可分但终究属于不同的事物。我年幼时想知道上帝在第七个休息日干了什么，而我成年后则想了解笛卡尔在第七天做了什么事。

*

自从笛卡尔得出的每个结论公诸于世，对它们的批判就接踵而至。笛卡尔是否把"我"这个概念偷运到夸张的怀疑中？根据休谟和佛家的观点，自我是幻象，所以我们应该总结的是思想的存在。很多人好奇的是，笛卡尔如何能在怀疑理性的情况下，又以理性证明上帝的存在？似乎笛卡尔需要理性来证明上帝的存在，反过来用上帝证明理性。清晰而确定的观念就一定可信吗？原则上我们总能找到更清晰更确定的观念。身心若是分离的，两者要如何互动？十七和十八世纪的哲学将大部分精力放在回答最后一个问题上。最后，我们如何相信我们绝对不应该犯错，即使是最精准的科学也认为犯错是一个固有的研究过程啊？

一个好的证明的本质是平息一个主题的讨论：我们无需再探讨它。从这个意义上讲，笛卡尔的理性直觉和演绎证明对专业哲学家来说是一个失败，但在其他方面则是一种成功。笛卡尔在《第一哲学沉思录》面世后并未对此书投入太多关注。他在给一位仰慕者的信中写道："你不应将精力过多地放在《第一哲学沉思录》和形而上学的问题上……你会因此忽略有形可见的事物，也会妨碍你进行这方面的研究。物质世界才是人们最想探索的主题。"笛卡尔暗示，基础已经灌浆固定，是时候建造现代性房屋了，是时候凭借知识推动数学物理的发展并建立改善生活的科技。哲学思考的目的就是推动科学和技术的顺利发展。

笛卡尔确实为现代性做出了贡献，除了他，还有一些名字也不能忘记——哥白尼、伽利略、培根和霍布斯，他们也发挥了作用。培根似乎比笛卡尔更有系统地陈述科学方法的精神；哥白尼和伽利略比任何法国人的实验更成功运用了这种精神；霍布斯比保守的笛卡尔要胆大，推动了政治权威和宗教分离。尽管如此，在我心目中，笛卡尔依然是现代性真正的先知。在中世纪鼎盛时期，我们发现安萨里将知识奠定在上帝的神秘之上。在现代性的初期，我们发现笛卡尔将知识奠定在自身的神秘之上。他那些明白晓畅的作品中有如下影响深远的观点：

- 真正的知识应以数字表达；
- 我们应运用能自我修正的知识方法探索物质世界；
- 这种方法应该具有一致、可反复使用的程序；
- 只要愿意清楚明白地思考，任何人可获得真理；
- 价值观念是主观和私人的；
- 我们应使用理性来断定上帝的存在和本质；
- 身体是机器，因此可以如机器般加以理解和修理；
- 宇宙也是机器；
- 我们应利用对科学的理解来发展科技，使我们成为自身命运的主人；
- “保持健康”乃是“头等大事”。

何谓现代性（我们今天所说的后现代性，也是现代性的一部分）？上述这些观念也是得益于那些梦境吗？

我经常碰到对笛卡尔又爱又恨的时刻，当我看到一些荒谬却又巧妙的设计发明惹得大家哈哈大笑时；当我进入医院，看到机器般的身体在奇迹般复原，而人类精神却必须奋力争取才能得到些许关怀时；当我得知我的教育成果必须被量化时；当我在厨房转动豪华装置发出呼呼声时；当我反思自然科学和人文学科之间的鸿沟，两种“文化”就如身体和心灵一样水火不容。甚至还包括最伟大的现代化之词，“我们认为真理显而易见：人生而平等”，我把这当做“我思故我在”的强有力回应。在当代，作为专业哲学家，免不了要批判笛卡尔几句，正如加入现代性行列免不了对现代性有所抱怨。我并不说笛卡尔包括了现代性的所有面向，我真的认为我们当前的生活多半都能从笛卡尔推论的雏形中看出端倪。

*

生活于公元3世纪的第欧根尼·拉尔修编写了恢弘巨著《名哲言行录》。该书虽然可信度不高，但我们从中通常可发现哲学家们的逝去多多少少符合他们的哲学气质。我最喜欢的例子是有关犬儒学者第欧根尼的。他渴望生活自给自足并以此终老，结果他为了想看看自己能闭气多久，意外一命呜呼。第欧根尼，我们还在帮你计时呢！

根据可靠史实，我们知道笛卡尔如何逝去。尽管他手稿中并未包含明显的有关政治的颠覆性话语，但他常常应对各种权威的挑战遭遇重重困境。特别是有一次，乌得勒支大学指控他削弱正教神学和传统哲学的权威，使年轻人误入歧途——像极了对苏格拉底的指控。所以，当求知若渴的瑞典女王邀请笛卡尔来到宽容的国度做她的私人教师时，笛卡尔接受邀请，下定决心成为“喜剧生活中的观众而非演员”。不凑巧的是女王时间安排紧凑，将课程安排在破晓时分。笛卡尔习惯睡到中午起床。有一次清晨他步行前往城堡途中染上肺炎。后来，他死于 1650 年 2 月一个寒冷的日子。很奇怪笛卡尔以这样的方式离开人世间。与其将笛卡尔看作他自己认为的理性思想永不眠的哲学家，我宁可将他看作寻梦的哲学家和不大聪明的现代先知。如果舍去他最好的梦境时光，笛卡尔对于此世可谓毫无渴望。

7. 遥远的星星，可怕的距离

因心烦意乱而显得心神不定。

——艾略特

让我们回到中世纪晴朗的夜晚并仰望苍穹。尽管我们看到的星座图没有什么改变，但它们“看起来”确实和现在不同，因为中世纪星光的曼妙必然经过了概念的协助加工，或者在缺乏概念的情况下，需要神话的即兴发挥。别忘了，当时的人还不知道地球是太阳的卫星，也不知道星光要旅行好几个光年才能到达地球，更不知道我们眼中看到的闪烁星光的光源来自一百万年前。路易斯想象我们处于中世纪，他这样写道：

记住，你现在有着绝对的“上”和“下”，地球就是宇宙的中心，也是宇宙的最低点，无论从宇宙的那个方向前往地球，都是往下走。作为现代人，你将星星定位在一个遥远的距离。在中世纪，则会把遥远替换成非常特殊但不抽象的距离形式，我们称为“高度”。中世纪的天体模式是旋转的，中世纪天文学中星辰的高度与现代相比显得微乎其微，而且让人觉得毫无意义。从思考和想象的角度来看，一千万英里和十亿英里之间其实没什么差异。两种距离都是可以设想的（也就是说，我们能对二者进行数学运算），两种距离都不是想象出来的。我们的想象力越是丰富，就越能体察到这点。中世纪宇宙与现代宇宙真正重要的差异在于，中世纪的宇宙虽然大得无法想象，但也明显有限。这样的说法更生动凸显了地球的渺小。在宇宙里，地球是渺小的，毫无疑问；但银河系也很小，万事万物都是如此——渺小，那又如何？

那又如何？倘若我们对微小的现实也极具敏感，我们往往会同意帕斯卡讲述的宇宙观，“无限空间之永恒寂静令我心生恐惧”。中世纪的观星者看到繁星，感到自身的渺小；现代观星者看到浩渺的宇宙，则是感受到自身的毫无价值。有时我想知道，究竟是天文学的变革造成了现代人的焦虑，还是我们的焦虑感促成了新的宇宙模式。

*

1623 年 6 月 19 日，布莱士·帕斯卡出生在法国奥维涅省的克莱蒙费朗。帕斯卡三岁时，母亲去世，他和两个姐姐由担任课税员的慈父抚养成人。同笛卡尔一样，帕斯卡是一个地地道道的天才。12 岁时独立推演出欧几里得第 32 命题。16 岁时发表了一篇有关“神秘六边形”的论文，在文中详细解释了后来广为人知的“帕斯卡定理”。笛卡尔看到这篇论文，难以相信它出自一位少年之手。19 岁时帕斯卡为了减轻父亲的工作负担发明了加法器，这是一种计算器。后来几个世纪该计算器经多次改良于 1971 年成为第一代微处理器，这是我们时代的伟大象征。（有一种计算机程序设计语言以帕斯卡命名以表对这位发明家的敬意。）24 岁时帕斯卡写了《关于真空的新实验》，推翻了两千年来人们对液压装置的认识，在某种程度上算是液压机（这是我们时代的又一伟大象征）和注射器的发明人。30 岁时出版了论文《算术三角形》，成为研究二项式系数的开山之作。31 岁时受热衷于赌博问题研究的好友谢瓦利埃的影响，帕斯卡提出了概率论。

1647 年冬天，帕斯卡的父亲滑倒在冰面，摔伤臀部。接下来的三个月由两位著名的医生照顾他，两人皆信奉詹森主义。耶稣会反对詹森主义，将其同加尔文主义联系在一起。就是这样的机缘巧合，父亲的骨折使全家受到了詹森主义的影响，帕斯卡经历了他的传记作者们提到的“第一次改信”。他的天主教的信仰也获得了新的意义。但他不久重回世俗生活，坠入爱河，而且写下了《爱的激情》。

1654 年的秋天，帕斯卡的马掉下大桥，如果缰绳没断，他坐的马车肯定会一起被拖入河中。当马车悬在桥边摇摇欲坠时，帕斯卡脑海中出现了经典的哲学三问。一回到坚实的地面，帕斯卡就昏厥过去了。过了一个月，也就是在 11 月 23 日晚 10 点半至深夜 12 点半，帕斯卡有一段神秘的体验，从未公之于众，也从未忘却。他只是草草记下，"激情之火。亚伯拉罕的上帝，以撒的上帝，雅各布的上帝，不是哲学家和学者们的上帝。我将永远不会忘记你们的话。阿门。"然后将纸条缝进常穿的夹克衫，从未取出。

这一次，也是帕斯卡的第二次改信。之后，帕斯卡以自己的本名写了两部伟大的作品：被伏尔泰称为最好的法文作品的《致外省人信札》和他最杰出的作品《思想录》(*Pens é e*，英译名为"Thoughts"，即使在英译本中也很少用英文书名，我想是因为法文书名看起来别有韵味）。帕斯卡本打算系统地捍卫基督教，却未能抽出时间完成著作，39 岁英年早逝，令人叹惋。《思想录》是由一系列记录在许多张大纸上的笔记和随笔整理而成，帕斯卡将其剪成碎片，按计划之需整理加工。我从未听到过或读到过有人希望该书最终成为经过润色的论文。《思想录》原有的样子已能充分显现人性的样貌，犹如一道道小闪电，偶尔照见我们内心的想法。虽不能说该书没有盲点偏见、宗教辩词、口头禅、古怪妄想、阴暗和离奇的观点，但我读得愈多，愈发现就连其不足之处的每个片段都是重要的哲学组成部分。这本书得随意浏览无序阅读，对于我这样不喜欢按照页码顺序读书的人来说更是如此。

*

帕斯卡用三个词总结我们的处境："反复无常、无聊透顶和焦虑不安"，深刻揭示人类的问题。简言之，我们的存在注定让我们焦虑；我们借着某种消遣（帕斯卡的另一个常用词汇）来摆脱焦虑。只要消遣依然有效，我们就拥有一定程度的幸福感，但最终消遣的魅力逐渐消失，最后变得令人厌倦，我们就会继续寻找其他的消遣，因此我们常常变得前后矛盾、反复无常。

不久前，我遇到作家卡尔·奥诺雷，他与我分享自己写《享受慢活》的灵感来源。他一边排队候机，一边翻阅报纸，注意到一则名为“一分钟睡前故事：白雪公主60秒”的广告。他经常给孩子讲故事，所以考虑邮购一本以节省晚上的一些宝贵时间。转念一想，他意识到自己疯了——这大概是分秒必争的现代化生活方式逼出来的。他为何试图压缩给孩子夜读的时间？难道那不正是他最重要的事吗？于是，他开始写《享受慢活》一书，倡导伊壁鸠鲁的快乐主义，引领我们停下脚步，嗅吸玫瑰的花香。

关于卡尔·奥诺雷的主张，我们可换一视角来看待。帕斯卡曾认真观察：

事实上，当下往往使我们痛楚。我们把当下丢到视线以外是因为当下令我们忧伤；即使现在令人愉悦，但很快，快乐就成了悲伤……如果每个人都能检验自己的想法，将会发现自己的想法通常着眼于过去或未来。我们几乎从不思考当下。倘若思考当下，也只是着眼于它对未来的计划有何影响。当下从来都不是我们的终极目标。过去和当下是我们的手段，只有未来才是生活目标。因此，我们实际上从未真正活着，而是希望活着。因为我们总是计划着寻求幸福，因此不可避免地，我们注定永远得不到幸福。

“焦虑”——一种毫无理由的不安情绪——与我们的存在形影不离。我认为我们可能会为死亡而焦虑，但事实上人们为生活而焦虑。有时候，我们被扔到当下，必须面对迎面而来的焦虑——比如，朋友姗姗来迟，我们被迫在街角等待。但大部分情况下我们处于焦虑的边缘。即使当我们正在做自认为很有价值的事情，比如睡前为女儿讲故事，部分人还是试图逃离当下继续做下一件事，尽管下一件事可能没那么有价值。就这样，我们的人生总是不断地想转换频道。

佛家表达了类似观点。在佛教中，首要的真理是“人生皆苦”，紧随其后的是无穷无尽的欲念令我们受苦。禅宗认为，解决这一普遍而可怕的问题，可以通过静坐呼吸。倘若我们能够安静下来，哪怕一小会儿，而不去追寻俗事，我们将醍醐灌顶。尽管帕斯卡没有提出类似佛教的说法，但他确实提到：“有时候当我坐下来思考人类各种不同的活动，以及他们在宫廷中、在战争中所面临的种种危险与痛苦，并由此而产生了那么多的争执与激情、艰苦的但往往是恶劣的冒险时，我经常会说人类不快乐的唯一原因是他不知道如何安静地待在他的房间里。”

再讲一则禅宗故事。一名男子正沿着悬崖边行走，突然一只老虎跳出来吓得他掉下悬崖，被悬崖边伸出的小树枝挂住。往下看，另一只老虎在海滩上觅食。往上看，第一只老虎盯着他，无比贪婪。他环顾四周，目光所及之处有一株长在小树枝附近的野草莓。他应该做些什么呢？应该冒险往下爬？应该尝试爬回山顶？应该待在原地等待老虎走开？应该试图吓跑老虎？按照禅宗的智慧，他吃了草莓。故事结束。

帕斯卡应该会赞同这则故事所呈现出的问题：我们的生活处在时间的两端之间，随时面临被吞噬的危险，因此感到焦虑不已。尽管佛教徒和像伊壁鸠鲁这样的哲学家认为冥想和欲望疗法可以对治焦虑，但帕斯卡对心理疗法或者说这种世俗的疗法持怀疑态度。或许我们能减轻人生的痛苦，但没有人能够彻底解决这个问题。简言之，享用野草莓的智慧听起来很美妙，但面对贪婪的老虎时你根本无法安心地享用草莓。

这就把我们引向一个重要的问题。人活一世存在真正的幸福吗？

A. 存在，倘若我们迎难而上，便可收获幸福；此外，我们熟知的学派（佛教、伊壁鸠鲁主义、斯多葛学派等等）可以引领我们获得幸福。

B. 存在，但是得等到更好的政治现实来临才能实现幸福（马克思主义）。

C. 不存在，我们不可能在此生得到幸福；幸运的是，上帝已昭示幸福之路（基督教等）。

D. 不存在，我们不可能在此生得到幸福；不幸的是，我们一厢情愿地相信此生之外的事情（悲观主义）。

大多数人会选择哪个答案呢？哪个答案是最受欢迎的？依帕斯卡之见，答案是：

E. 别想这个问题了。

他俏皮地说："人无法避免死亡、苦难和无知，但为了得到幸福，只好把这些事都抛在脑后了。"

人们不愿直面这些悲惨的境遇，选择转身去自娱自乐。球类游戏和狩猎是帕斯卡最喜欢的例子："人们花大把时间踢球或打野兔；这是顶级的运动。"但自娱自乐的活动几乎应有尽有：不仅仅有话剧、闲聊、运动、纸牌以及其他显而易见的琐事还有谈情说爱、饲养宠物、参与政治、发动战争，甚至连工作和日常生活的方方面面都算。我在研究生院时认识一名学生，他只有在写论文时才会将公寓打扫得干干净净。想象炎热的夏日我们去湖边的小木屋避暑，不仅可以摆脱繁重的课业，还可以享受自然的简单生活。我们看着天鹅悠游地浮在波光粼粼的水面，几分钟后，我们开始感到困惑，"接下来干吗？"这也难怪瓦尔登湖畔的小木屋都塞满桌上游戏——大家都接受不了自然的简单生活！帕斯卡说过，我们能想象出来的对一个人最可怕的惩罚是将一个人关在屋子里，不允许他消遣娱乐。

消遣的美好在于其魅力持续之时我们是有几分幸福的。我们会用"乐在其中"来形容这种状态，也可以如心理学家所言，"处于心流状态"。这种状态类似所谓的幸福感——与喜悦不同，这里指的是一种存在的满足感。骑士队的当家球星勒布朗·詹姆斯处于场域中也许会咒骂队友传球失误，甚至出现运动伤害，但他的本性在比赛中获得发挥，让他忘了时间的存在。简言之，他感到快乐。比赛是一种纯粹的消遣，远离令人不得安宁的焦虑，从而让我们如痴如醉。即使像国际象棋或足球一样复杂的活动，若拿来同家庭生活比起来，也是极其单纯的消遣。比赛有明确的规则和清晰的目标。在比赛中唯一的焦虑是我们能否获胜，反观生活中我们虽有获胜的强烈欲望但并不清楚规则，并不确切知道胜利的模样。

消遣的问题在于，即使我们从中活的快乐，快乐最终也会耗尽；消遣提供的简单生活无法让我们长期获得满足。你不可能一辈子都在打篮球。所有的比赛最后都会令人厌倦。帕斯卡认为，无聊透顶并非因为内心不丰富，而是我们察觉真理不够及时。倘若你完全跟我一样，你有很多时间去工作、豪饮、看电视、运动、阅读、参与政治，一定会在某个时刻突然间觉得空洞乏味。倘若我向同伴们吐槽，他们总是幽默地反驳，“振作起来！我们正在做的事情至关重要（或很有意思）。什么东西突然之间吞噬了你呢？你丰富的内心去哪儿了呢？”奇怪的是，当我处于此种心境时，我宁可待在那种无聊透顶的感受中，也不愿按朋友说的那样，我觉得那很愚蠢。倘若帕斯卡是对的，那是因为无聊透顶更能让我们接近现实，毕竟，我们宁可接受真正的痛苦，也不愿假装幸福（我们需要花点时间才能意识到这一点）。

当我们喜爱的消遣变得令人厌烦时，我们该如何是好？我们会停止自欺欺人而去拥抱更真实的生活吗？与帕斯卡不同，我们更可能去寻找新的娱乐活动。因此，帕斯卡认为，人类“反复无常”。不仅定制服装会突然间风靡全国最后淹没于人海，几乎生活的方方面面都会受到流行风潮的影响：政权更迭，写作和讲话风格，运动方式，艺术活动，交通方式，葬礼仪式（托马斯·布朗爵士表示：“人乃高贵之灵物，成灰也庄严，入土亦煊赫”）等等。尽管迄今为止每种风格最终都会变成老套过时，我们仍乐此不疲地去追寻下一件酷酷的事情，毕竟下一件事仿佛才是幸福的秘诀！

*

想象你参加高中同学聚会。聚会上你偶遇一位同学，彼此之前并无联系，但你觉得他人很好。你寒暄几句，询问近况，他回答道，“诸事顺利——事实上顺利得你难以置信。就在一个月前，我去洛杉矶拜访堂兄。我正坐在咖啡店里上网，突然一个人走近我，说道，‘就是你了！’原来他正为斯皮尔伯格的新电影寻找演员！他邀请我到斯皮尔伯格和其他大腕那里试了镜。我心想这么做会有什么损失呢？就这样事情一件接着一件，突然间我拿到了500万美元预付款，成为大牌电影的领衔主演！”

听了这些话，你现在作何感受？

A. 真心为他感到高兴，因为他过去对你一直不错。

B. 整体来说为他高兴，但奇怪的是，心里有点不爽。

C. 多少有些高兴，但更多的是有点儿恼火。

D. 很显然为他的成功而愤愤不平。

你认为多少人会真诚地选择 A？

现在回到刚才的场景，但身份调换一下。假如拿到 500 万美元片酬，成为卖座电影主角的人是你。你会因为一个无名之辈在高中聚会前不久获得良机而感到恼火吗？或者，在你内心深处你是否认为，自己真正的价值终于获得认同，终于可以在过去的同学面前扬眉吐气了？

帕斯卡认为我们看待自己总有不切实际的想法，他称之为虚荣。虚荣会使人际关系恶化，表现在情感上就是嫉妒。我们会毫无理由地抬高自己，也不管这么做是不是有违谦逊的精神。在虚荣心作祟下，我们将他人所作所为看作竞争，丝毫不考虑真实情况。比如，你是一位志向远大的演员，但从未遇到良机，你可能会为同学的好运而恼火。然而，即使你对演戏丝毫不感兴趣，你拥有美满的婚姻和称心如意的工作，你还是有可能因同学的成功而不爽。好啦，笑一笑。告诉他你由衷地为他感到高兴。正如帕斯卡所言，“尊重意味着走出自己的小世界。”

*

帕斯卡用“焦虑不安”“自娱自乐”“无聊透顶”“反复无常”和“爱慕虚荣”来分析人类境况，一言以蔽之，人类的状况就是“悲惨”。庆幸的是人性还有另一面，是帕斯卡认为人类伟大的地方。我们再来观察那些星辰。尽管星辰间距离无限遥远衬托着我们矮小几乎虚无，但是我们应振作精神，因为我们了解自身的微不足道和星空的永恒静寂。“透过星空，宇宙抓住并吞噬了我这颗微粒，”但是，帕斯卡得意地补充道，“通过思想，我抓住了整个宇宙。”从心灵的角度来看，我们才是无穷无尽、无法衡量的，璀璨的星辰只是我们的把玩之物。即使我们面临自身无法抗拒的悲惨境遇，从中我们也能看到人性光辉的一面，“不幸得知有人境遇悲惨，但知晓此事有伟大之处。”

此外，我们可以想象不悲惨的存在方式。宗教诫命中的不可谋杀、不可撒谎、不可妄证、不可偷盗、不可贪心等闪耀着人性伟大的光辉。古希腊哲学门派规劝世人同上帝和睦相处是受我们天性的直觉高度影响。事实上，没有任何人类社会——包括离群索居的隐士——不受伟大的情操感召，不产生礼仪和道德。唯有遵守这些基本的礼节和伦理，人类生活才能获得极大地改善。想一想，我们面临的最严重的问题是否由遵循黄金规则的副作用引起的！

问题是我们从未设置道德最低门槛。规则似乎可以被打破。有多少个夜晚你会躺在床上诚实地说，“主啊，今天又是完美奉行道德的一天！”这里的完美并不是指你半信半疑的某个标准，而是你给自己设定的标准。“但是帕斯卡太严苛了。我作为男人忠于自己的妻子。当然，我撒过一些谎，但这可不是杀人放火那样的坏事。世上的确有一些不值得信赖的人，但我和绝大部分人一样循规蹈矩。我们就别在意那些悲惨的事了。”对帕斯卡来说，这种说辞就是虚荣的另一版本，和下面这句话异曲同工："我有全城最好的平房！当然比偏远乡镇的大部分棚屋要好！"

我们的悲惨是人性的伟大投下的阴影，二者不可分割，皆来源于人类意识本身。在基督教中，这种两难的处境表现在人被驱逐出伊甸园的故事里，人之所以被驱逐正是因为人知道了自己是谁。但是抛开故事场景的构思，如吃下禁果或历经缓慢曲折的进化过程，人类的心灵似乎有着古怪的两面性，它设想出自己无法企及的概念，以自己的光为自己投下阴影。

*

《思想录》中最有名的推理部分是"帕斯卡的赌注"，他提出人最好相信上帝而不是去相信无神论者。我认为把这个论点与《思想录》中的其他内容结合起来看，才不会显得肤浅。当我们把"帕斯卡的赌注"联系到帕斯卡对人类状况的分析时，这个论点将产生重大的意义。帕斯卡提出，无论我们坦诚面对悲惨，还是靠消遣获得肤浅的满足，我们都无法逃脱命运，在这种状况下，我们应该做些什么？我们面临一个与上帝一样的巨大的深渊。为了塞住这个漩涡，努力减轻焦虑，我们将一切东西都扔进深渊里，然而于事无补。我们是否应该期冀上帝是真实存在的，然后放心地将生命交托给他？还是说宗教的慰藉只是一厢情愿呢？

首先，帕斯卡认为我们无从了解上帝是否存在，倘若他真的存在，我们也无从得知他是什么样子。当我们能证明某事为真时，我们的理性会强迫我们相信此事为真。但帕斯卡认为，我们无法证明上帝是真是假，“倘若上帝存在，他也远远超出我们的理解范围。因为上帝不可分割也不受限制，因此与我们毫无关联。”对于诸如笛卡尔这样的思想家，滥用“数学思维”去建构上帝存在的证据，与说服自己支持无神论一样恶劣。有什么能比完美存有的可能性更令人无法确定？理智的诚实命令我们坦承自己对于上帝的无知。把一枚硬币抛向空中，你必须决定正面还是反面，正确的解答是，“我怎么会知道。正反皆有可能。”因此，我们应该成为不可知论者。

帕斯卡强调的第二个论点是我们不可能是不可知论者，我们必须猜出正反。在上帝存在与否这个问题上，我们不是旁观者，我们的生命取决于硬币是正面还是反面。用帕斯卡的话说就是“我们已经身在其中”。不可知论对帕斯卡而言仅仅是拒绝承认你的生命是一场赌注。他认为，人活着要么相信上帝要么不信上帝。你不能一直等待硬币落地停止旋转。

保罗·萨特讲述了一个法国学生的故事——学生在德国侵占法国期间左右为难。学生的兄长被纳粹分子杀害，父亲被怀疑犯了叛国罪，母亲身患疾病陷入悲痛。他坚信自己的存在是母亲继续活下去的唯一原因。他一方面想加入法国自由军队为兄长报仇，一方面觉得自己有义务待在家乡照顾母亲。因此，他询问哲学教授该如何抉择。我们也许会像萨特一样回答，没有一条清晰的选择道路。就知识而言，最好的答案会是没有正确答案。但这名学生得做出选择。他无法确信地说，

“我无法抉择，所以要保持不可知的观点。”他要么待在家乡要么离家参战。他可以说“我不知道”，但他不能活在“我不知道”里。正如萨特喜欢说的话，他被迫接受自由的困境。只要他不做决定，继续空想沉思，实际上就是等于选择待在家乡。同样的，帕斯卡认为，一个不可知论者本质上是一个没有勇气承认的无神论者。

帕斯卡是对的，我们已身在其中。我们不只要面对有没有上帝的问题，也要面对每个严肃的哲学问题。尽管我们对爱、美、正义和真理这些词的真正含义毫无头绪，但是我们得像知道它们是什么一样生活。被审视的人生是什么？从根本上说，我们要了解人生就像一场赌局。你应该结婚吗？你应该生孩子吗？你应追随自己的心、自己的头脑还是父母？现代性的一个可悲而伟大的成就是，你无需成为国王或女王，就有权回答这些问题。另一个伟大而可悲的成就是，这样的问题越来越多——几乎无穷无尽。我们现在必须面对自己做出的每个选择所带来的各种困扰——比如，我们应该骑自行车，乘公交，买混合动力车，还是继续开高油耗汽车去上班？我们的能力每增添一份，就得面对新的难以应付的问题。

就帕斯卡而言，所有这些问题归结于一个单一的问题：你应该信仰宗教吗？换句话说，你的生命应该接受上帝的指引，还是自己苦苦思索？记住，没有哪种指引比其他指引更理性或更荒谬。无神论者和按时去教堂做礼拜的人，无所谓谁比谁更体面。帕斯卡的《思想录》是我阅读的书籍中，最早把无神论视为完整有效的思维选项的作品之一，这充分体现了现代性的特征。宗教是人类生活的一个面向，但回顾人类历史，宗教在大部分时间居于最核心的领域，而此时我们却可以站在宗教之外，选择是否信仰宗教。

当心智允许我们就一个问题选择任意一个答案，我们求助于内心（“内心有自己的理性，理性却一无所知”）。但内心自负而贪婪，因而我们立即开始思考我们的选择可能带来的得与失。想象一下，我抛起一枚硬币并告诉你，“倘若你猜正面朝上且硬币正面落地，我给你一百万美元；倘若你猜反面朝上且硬币反面落地，我给你二十五万”。尽管正反面出现的几率相等，但如果你还是选择反面，那可就太蠢了。帕斯卡用抛硬币来类比是否选择信仰上帝。倘若上帝存在，而我们将生命交托给上帝，我们会获得世间无法给予的幸福。此外，把生命交给上帝，即使赌输了，也毫无损失。与此相反，倘若我们是无神论者，上帝也确实不存在，我们能获得什么呢？按照帕斯卡的说法，我们一无所获。但如果我们赌输了，是否能经得起这样的损失？

*

帕斯卡的赌注起初引发了一些批评，多半是无神论者发起的，他们认为帕斯卡对我们赌输时遭受的损失做了不公平的描述。我们如果将自己交给超自然力量，将会失去自然的快乐。宗教要求我们放弃部分自我，少则必须花费时间去参加宗教仪式，多则可能放弃自己原本拥有的一些利益。

帕斯卡对此有两点回应。第一点运用了数学概念，这一点其实是第二点心理学层面的反驳的抽象说法。数学上的反驳是，即使成为一个无神论者有可能有收获，但这种收获是有限的，而信仰上帝的收获是无限的。无限总是胜过有限。第二点回应源于帕斯卡对人类境况的看法。的确，宗教要求我们放弃部分自我，但那又如何？你害怕放弃什么——你的焦虑不安，你的自娱自乐，你的无聊透顶，你的反复无常还是你的爱慕虚荣？一名学生说："倘若你选择相信上帝，但最后发现赌输了，你确实会失去一些东西，你将浪费所有周日的清晨！"帕斯卡的支持者会说："在那些周日的清晨，你会做些什么事情？玩电脑游戏？看《灰熊亚当斯》？"至于人性中的良善品质，比如爱，宗教从未要求我们放弃，宗教承诺要把爱升华。

对赌博说的另一种批判是由宗教人士提出的，他们认为上帝不会对那些对他的存在下赌注的自私之人报以微笑。赌博产生的信仰毫无宗教价值，这就好比商人捐钱做慈善只是为了获得减税优惠，毫无道德价值一样。然而，如果帕斯卡对我们知识状况的分析是对的话，我觉得上帝如此仔细检查我们信仰的真诚度显然过于严苛。回到抛掷硬币的问题。你猜正面朝上。在我向你展示硬币时问你："你仅仅是猜正面朝上，还是真的相信正面朝上"，这难道不是很过分吗？真正相信正面朝上和嘴上说正面朝上，这两件事意义不同的可能性会是多少呢？换言之，真正信仰上帝与把自己交托给上帝，这两件事难道不一样吗？

尽管如此，帕斯卡对这些批判持敏感态度。他的回应是：“习惯是我们的天性”，又说“弄假也能成真”——戒酒互助协会也有相同的说法。一个醉汉假装清醒的时间足够长，那他就不再是个醉汉。类似的，如果你完成成为宗教人士的行为活动，你将真正信仰宗教，因为我们已对宗教规矩习以为常了。当然，你必须以开放的心胸“弄假”，真正相信完美的幸福就在不远处。至少，我断定这对帕斯卡而言具有意义：做弥撒，学习神学基础知识，每天祷告数次，尝试好好对待邻居，忏悔，试着更加努力，让自己过神圣的生活。若能如此，长久下来，无论你的灵魂在面对上帝时设下多少障碍，最后都会消失。反过来说，如果你不尝试这些，那么你与上帝之间的障碍会越来越多。我们会成为无神论者或信仰者，原因不在于思想层面，而是如古诗所云：“习惯成自然”。

对帕斯卡的另一精彩批判是由我的学生提出的，他写了一篇题为《帕斯卡的轮盘赌》的论文。他认为抛掷硬币的类比不好，因为实际上我们被迫下赌注的可能性太多了。正如赌博的人在轮盘赌中必须下黑注或红注，我们必须选择信仰上帝或不信仰上帝；同时，正如赌博的人可以在 38 个号码中选择一个下注，我们也必须在约 38 种宗教中做决定（如果认真统计的话，各类宗教可能不止 38 种）。虽然按照帕斯卡的逻辑，在上帝号码中下一注也许比在无神论那里下一注更合理，但我的学生有不同看法，他认为，现在的选项变得这么多，要赢得头彩的几率变得非常低，因此投注上帝不一定比投注无神论更划算。他这种说法也不无道理。

实际上，帕斯卡本人可能也会觉得宗教的轮盘赌要比抛掷硬币更适合用来类比。（我的学生大概不知道，帕斯卡曾把轮盘赌的一些简单结构引进到永动机的研究中。）这位概率论的创始人确实分析过他应该选择哪个“生命的选项”——这是威廉·詹姆斯用来表示宗教的用语。

*

尽管我们很难想象有谁会在读完帕斯卡的赌注后改信基督教，但我的许多学生在《思想录》中看到了自己的人生缩影，也发现关于是否信仰上帝的选择与自己的生活息息相关。学生们都认为用赌博来比喻人生再恰当不过了。现代性在宗教问题上摇摆不定，有时候赌红注，有时候赌黑注。我的学生们，无论是否信仰宗教，都认同帕斯卡对消遣的分析。在我们的文化熏陶下长大的人怎么可能不认同呢？一位年纪较大的学生在论文中写道：

我觉得我的生活就如同一场赌博。帕斯卡说的悲惨，我深有体会。我不想承认，但我在过去的人生中，确实做过一些错事，而且绝大多数是对我的亲人。我成长于虔诚的宗教家庭，但当我离家自立时，我也跟着离开了教会。我不能说自己像帕斯卡那样把事情考虑的那么透彻，但除了“赌一把”，我想不出更好的语言来形容自己为什么在三十岁以后愿意回到教会。我想得到宽恕。我想成为更好的人。我不一定相信上帝，但我想相信他。正如帕斯卡所言，我参与了整个过程，希望能“弄假成真”。

但是问题就在这里。我假装已有数年，但尚未成真。我不知道为什么。我无法体会到回到家中的那种安心，我心里依然很不踏实。并不是教会的人对我不友好，恰恰相反，他们对我太好了……

我试图过良善的生活，努力做到更好。我想，我是在赌上帝确实存在，努力改善自己应该是好的。正如苏格拉底所言，我们应该做对的事，因为事情本身是对的，并不是因为宗教认为它是对的。我希望上帝也能这样想。

*

我认为帕斯卡对人类焦虑和人类与宗教的关系的分析，与他身为现代人的身份有密切关系。下面，让我试着消除这个可能存在的困惑。我不认为帕斯卡充满不安的哲学完全是源于他所处时代的物质状况，但我确实相信，现代性的状况强调甚至夸大了我们天性上的焦虑以及我们对消遣的需求。当哲学家抓住永恒真理时，实际上反映了他们所处时代的特征。在一定程度上，我们很幸运能遭受帕斯卡所说的焦虑。把时间往前推，在更原始的时代，我们根本没有时间焦虑，因为生活实在太艰难了。祝福你，现代性，感谢你给予我们焦虑的自由！

插曲——篝火和太阳

当壁炉里的火渐渐熄灭时，我们才想亲近星辰。

——乔治·梅雷迪斯

我的学生克里斯特尔写了一篇论文，她认为“宗教是无用的传统和仪式，你之所以参与，是害怕上帝真的存在”，对于这种观点，哲学家该如何回应呢？安萨里通过亲身体验赋予了仪式和典礼以内在的意义。笛卡尔探索证明上帝存在或不存在的可能性，而后谨慎地利用人类的理性来解决问题。帕斯卡认为上帝是宇宙的庄家，人类以生命做赌注，押注上帝的存在或不存在，希望能赢一票大的。神秘主义、理性主义和怀疑主义一直伴随着我们，历史不断进行调和，使它们在每个时代至少能拥有一席之地。对你我而言，神秘主义不再像安萨里时期那样唾手可得，即使是帕斯卡的神秘之火也必须缝在他的外套衬里，不让他人窥见。

我的学生经常问我信仰什么，我通常会反过来让他们评估哪一种信仰上帝的方式最好。我发现这种评价的意义不大。诗意的人喜欢神秘主义方法，科学的人喜欢理性的方法，多数人认为这是场豪赌。社会让我们学会，要么接纳所有方法，要么一个也不接纳。（宽容是一种优点，但它不是我们逃避的借口。接纳语言的多样性很好，可你总得选择一种语言使用。）我自己的经验基于几个主要研究方法的潜在共同点，这适用于哲学自身的奥德赛之旅。

*

受一个来自17世纪的布道故事的启发，艾略特著成了《三圣人的旅程》（另译《东方三博士之旅》）。兰斯洛特·安德鲁斯称其为“智者们的朝拜之旅”。“暑意渐消。每年的这个时节，我们渐渐感到寒意。对于旅行，尤其是需要长途跋涉的旅行，这并非好的时节。长路漫漫，天气恶劣，白昼短暂，日照微弱——冬日中最死气沉沉的天气！”我们追寻智慧，在哲学的道路上探索前行，为此，我们放弃了舒适，抛弃了一切浅显的事物，却要经常陷入深深的孤独。我们被某种“真理”的力量推动着，尽管我们还对这种真理一无所知，但不知为何，我们隐约知道自己必须追求。

当说起“真理”一词的时候，我有一丝的紧张，因为我们所知的真理只是冰山的一角。当我们狭隘的见识被现实扭转，其过程并不好受。当孩子们发现留给驯鹿鲁道夫的胡萝卜上的牙印原来是爸爸妈妈留下的时候，他们所了解的关于圣诞老人的故事仍然不是完整的（甚至连我也不知道），但是他们对这个世界的认知确实扩展了。三位圣人看到马厩里啼哭的婴儿时，他们到底领悟了什么，我们不得而知。但我们知道，往后两千年，真理仍藏在他玫瑰花瓣般的肌肤里，这恐怕不是三圣人的智慧所能预见的。好奇的孩童和求索的智者当然能有所得，但他们或许也失去了一些重要的东西。充满期待的孩子在平安夜里产生的想象力的火花，很可能因真相大白而熄灭。如果说起圣诞老人的故事有什么价值的话，应该是点燃了三圣人在马厩中看到的神奇微光。也许有一天，一位成年人经过探索之后，想象之火重新被点燃，燃烧成比盲信和怀疑论更有用的事物。发现真理就是让我们的灵魂偏离后重回正轨，并进一步提升自己。在艾略特的诗歌中，智者绝望地询问，“难道我们就这么被一路引领到/诞生或死亡？”它是诞生，也是死亡。或许我们可以这么说，真理是诞生，也是死亡。

*

在《理想国》第七卷，苏格拉底要我们想象一个巨大的地下室，人们被囚禁于此度过一生。尽管阳光照不到囚犯身上，但他们身后的火炬照亮他们面对的墙。另一群人从火的前方走过，形成了影子。这个场景其实类似今天的电影院，囚犯们一直看着投射在墙上的影像。由于犯人们什么都不知道，他们对现实和价值的概念完全来自微弱的光和跳动的影子——他们未将影像当做影子，也不知道影像是如何产生的。他们在洞穴里成天只想着接下来会出现什么影像。

如果你有钱，可以每年支付5万美元送孩子上大学，主修猜影像专业。（柏拉图讲的另一天方夜谭的故事！就像有人可以忍受什么也不做，只是整天盯着屏幕，或者让他们的孩子去学信息操纵这类愚蠢的东西！）

苏格拉底要我们想象逃离洞穴意味着什么。你将一定会有融合勇敢、好奇心和疯狂的奇怪想法，因为你连自己被关着都不知道。假如你艰难地从洞里爬出来并在阳光下探出脑袋，你的眼睛刺痛地无法看见任何东西，因此你可能以为，洞穴以外的世界不适合人类。但无论如何，你至少解放了自己，可以随意扭动身体，还可以随心所欲地四处走动。最终，你的眼睛适应了明亮的世界，你看到的第一个事物——你的眼睛尽可能地远离刺痛双眼的太阳——将是树影。你心想，“啊，原来这里也有树。”但是，随着你的视线调至更远处，你往上看，会注意到依附于“树”的是树状的物体，比熟悉的树影更鲜活生动：一棵立体的、有树皮树枝树叶的、随风摇曳、难以描述的现实中的植物。在历经一段漫长、离奇而困惑人心的转变时期之后，你将最终意识到你以前看到的一直是影像。

尽管你想永远待在光明的世界里，但你最终还是觉得自己有义务回到洞穴，解救出一同长大的伙伴。如此行事绝非易事。你告诉他们：“你面前看到的绝不是真的！你钟爱的影像仅仅是——该如何表达——影子、投射图像、生动现实的变体。事实上，它们犹如皮影戏，只是真实事物的阴影！”对方通常的回应是：“真是太疯狂了。它们当然是真实的。你的想法实在太‘有趣’了。现在我们谈谈正事吧，接下来会出现什么影像呢？”你说：“你没听懂我的话。你是一个囚犯。接下来出现什么并不重要！”对方会恶狠狠地回应：“不重要？我每年支付5万美元让孩子搞清楚接下来会出现什么影像。这当然重要。你‘向上旅行’一趟是被灼伤了眼睛还是破坏了智商？”根据苏格拉底的观点，如果你坚持试图解放没有意识到自己被囚禁的犯人们，穴居人可能会杀了你。

我们很难不把这则寓言故事与苏格拉底的遭遇联系起来。苏格拉底被指控“腐蚀”雅典人而被处死刑，他让人们面对事实，即他们的很多概念充其量只是片面的真相，是跳动的影像，无法反应复杂的现实。如果没有试图引导黑暗中的人们看见真理，那么苏格拉底的哲学方法还有什么意义呢？苏格拉底总是能让他的交谈对象接受知识的阳光，因此短暂失去视觉，在对话中处于完全茫然困惑的状态。但几乎没有人愿意深入对话。大部分人，如游叙弗伦一样，突然间记起有个不容忽视的约定，便匆匆回到自己的洞穴中。

不过，这则寓言谈的不仅是苏格拉底，它描绘了哲学探索的历程，反映了安萨里、笛卡尔和帕斯卡的哲学之旅。在每个例子里，哲学家一开始都意识到，围绕在自己周围的真理是特定文化的投射。基督徒的孩子拥护基督教而长大，犹太教徒的孩子坚守犹太教而长大，穆斯林的孩子追随伊斯兰教。如果民主和消费的图像投射在我们面前的屏幕和T恤衫上，那么我们终将产生物欲的追求。因此，每位哲学家坚持寻找文化和宗教皮影背后的源头。他们艰难地爬出洞穴并在脱离传统那一刻变得盲目：安萨里经历了一场怀疑论危机；笛卡尔觉得自己就是在怀疑的漩涡里，唯一确定的是什么也不可以相信；帕斯卡完全不确定上帝是否存在。（一学期哲学课程结束，大部分学生迷迷糊糊而非醍醐灌顶。倘若苏格拉底是对的，那么这一切终将带来好处。如果教育无法让你产生怀疑，那么这样的教育是虚假的，尽管如此，许多学生突然想起他们还有别的课，通常是在商学院。）我们的哲学家们奋勇前进，最终以自己的方式适应了阳光。安萨里看到了真主。笛卡尔确定了清晰而确定的观念的真实性。帕斯卡比较耐人寻味，因为他在《思想录》中并未宣称洞穴存在并要求人们逃出洞穴。他的赌注说认为，阳光普照的世界可能存在，尽管我们一辈子都不可能看见。

我们谈到了不同层次的真理：

（你我在）洞穴里的“盲目顺从”；

操纵皮影的人（艺术家、政客、宗教权威、父母，有时还包括你我）恪守而且习惯文化的基本观念；

被释放的囚犯（敢于创新的科学家、哲学家、先知，有时也包括你我），他们在阳光下看清世间的事物，并试着在获得提升的新生活与原本洞穴里的生活之间找到平衡。

第一次读柏拉图的故事时，我们通常会看不起那些囚犯，因为他们盲目而固执地相信影子。同样的，我有许多极聪明的学生，他们鄙视自己从小到大接触的贫乏宗教和肤浅文化。然而，故事理应引发我们对囚犯的同情。他们就是我们。是的，人们应当亲近太阳，却甘愿崇拜小小的篝火。但那是可以理解的。现在是户外的夜晚。此外，如安萨里所言，我们不可能——至少就我们目前的状况来看——整天待在阳光照耀的世界里，我们需要眼前的小小火光，好让我们牢记光明的世界。

第四部分

善恶的本质是什么？

你必须终身劳苦，才能从地里得到食物。

——《创世纪》3:17

20 世纪初期，由于铁路穿过爱荷华州安斯沃思镇，它开始日益繁盛，镇子上到处都是餐馆、酒店、杂货店和剧院。到了 20 世纪的最后 25 年，也就是我在镇上长大的那段岁月，镇子上的人已经减少到只有 500 人了，主街道只剩下了小餐馆，像极了意大利西部的鬼城。镇上有两座年久失修的教堂，一个是卫理公会，一个是长老会，后来两个教堂混合起来，我小时候每个星期日都轮流到两间教堂做礼拜。有几年，我们听卫理公会的牧师讲道，之后几年，又换成长老会的牧师。在寒冷的月份，我们会在街区那头的教堂礼拜，那里的供暖更好；在炎热的月份，就在街区里通风更好的另一个教堂礼拜。每个折叠椅的底部都根据不同的来源地分别标记着字母 P（长老会）或 M（卫理公会），有些年长的教区居民为了表明自己的信仰，只选择有他们教派首字母的椅子就座。在坚信礼课上，老师经常弄混卫理公会和长老会的传统。我们必须自行选择——或多或少有一些随意性——要信仰的教派。和其他学生一样，我已经忘记自己选了哪个。

这个奇怪的小教会只有 70 名教友，他们向我展示了从高贵到卑微的不同层级的完整的人性光谱。能够接触到《圣经》，我特别高兴，尽管教会除了让我有机会接触它之外也没做什么。事实上，我从教堂和主日学校读到的圣经片段在它们所处的环境显然并不适宜。我读到“我造光，又造暗；我施平安，又降灾祸：造作这一切的是我耶和华。”然后听牧师布道，他向我们讲述怎样善待彼此，间或穿插一两个笑话。我读到耶稣说“人到我这里来，若不爱我胜过爱自己的父母、妻子、儿女、弟兄、姐妹和自己的性命，就不能作我的门徒。”读完这些话的我不得不坐下来耐着性子听一整堂关于家庭价值观的课。《圣经》看似充满了危险和古老威严的力量，它要么被忽视，要么受到异常冷静的对待。

但是当我想到那些宗教机构和它们的所作所为，以及各种哲学课程和其中的种种荒谬，我心中充满感激，是它们让我的灵魂保持警觉。教会有足够的智慧给我一本圣经并促使我读它那些神秘的、令人敬畏的、包罗万象的段落。当我阅读圣经时，教堂里硬邦邦的椅子和闲散放松的仪式渐渐退去，我仿佛与圣灵在交流，当然其中困惑多于启发。我的脑海里充满了故事和很多我自己还很迷惑的禁令。我一直很想知道鼓吹自己伟大创造的是一个什么样的神。其他人是怎么对天堂和地狱的形象达成一致的——“都归一处。都是出于尘土，也都归于尘土”？我最喜欢的一段是这样的，“玛利亚却把这一切的事存在心里，反复思想。”像个孩子一样，我也是把这所有的事情放在心里反复琢磨。我把我祖父泛黄的讣告折起来放到圣经里。他临终的时候最后一句话是问我有没有生下来（那时候还没有）。我想这样做挺合适。

没有读太久，就发现一个最令人困惑的段落，即有名的善恶知识树上的苹果的故事。上帝指示亚当和夏娃不要吃这棵树上的果实，“你们食用之日你们必将死亡。”蛇却告诉夏娃：“你不一定死，因为神知道，你们吃的那天，眼睛就明亮了，你们便如神一样能知道善恶。”当然他们确实吃了果子，眼睛也明亮了。上帝说，“看哪，那人如我们一样，知道了善恶。”作为惩罚，亚当和夏娃要承受我们熟悉的人生的一切苦难，并被赶出了伊甸园。因为不能吃生命树上的果子，故而不再永生。上帝以“我们”相称让我很疑惑：他是跟蛇还是在跟其他的神说话？令人不安的是，圣经里记载的这个故事难道不是说明上帝在撒谎（他们吃了树上的东西后不一定死），魔鬼在讲真话（他们确实变得“像神一样，知道了善恶”）？我们因为违反了一半谎言，而相信了一半实话而终生受苦。

有时候，有些学生问我（他们会问我各种各样的问题）相不相信圣经中说的事件确实发生过。我认为这些事无时无刻不在发生着。每时每刻该隐都在杀害亚伯，摩西都在步履蹒跚地带领他的子民走出奴役，约伯和上帝都在辩论，路德都在垃圾堆里捡垃圾，四骑士之类的人和其他人都在跟踪我们。我确定我们吃了善恶知识之树上的果子，我们在我们一生所有的日子里也会因为吃了它而处于痛苦之中。我们错过了吃永生之果——生命树上的苹果也是事实。

读大学时我曾参演过中世纪神秘剧，这种戏的目的是以基督教的教义指引目不识丁的农民。我演的是该隐。有次在排练的过程中，被逐出伊甸园那一幕结束，夏娃和导演在交流，亚当吃完了苹果道具，把它随手一丢，仿佛身处伊甸园般无拘无束。苹果核滚到我脚边时，我正努力记诵该隐对上帝无礼的言辞，“我岂是看护我兄弟的吗？”我内心的该隐注视着咬过的剩下一两口的苹果。真是一幅描写我们处境的生动画面。

8. 泪珠的道德价值

到处都有人哭泣。

——安德鲁·马维尔

美国公共网络电视台《巡回鉴宝》系列节目中，收藏者拿来杂七杂八的东西，古董交易商仔细检查，胡乱揣摩它们的时间。每期节目最高潮的部分就是给那些物件估价。有时候，一个美国大兵用一包香烟换的日本碗成了无价的皇家花瓶。还有几次，收藏者花高价买的皇家花瓶被证明是只值一包烟的赝品。

让我们想象这个节目出了续集，叫《灵魂鉴宝》吧。感兴趣的人们带来各种故事，让包括你我在内的道德评估者进行研究和评估，然后决定安排这个人在天堂待一天，安排另一个人在地狱待一周，或者其他我们能想象到的其他安排。今天这期节目，我们要鉴定的是一个关于“不”的选择。一位奥地利女士痛苦地回忆起祖父的故事。她祖父叫弗朗茨·雅格施泰特，曾在二战快结束时说了“不”。

她向我们解释说她的祖父1907年出生在离萨尔茨堡不远的圣拉德贡德，他是个私生子。尽管出生在一个天主教家庭，弗朗茨·雅格施泰特却不是一个模范的基督徒。像他的生父一样，他也生下了私生子，但是最后他结婚了，和他的妻子生了三个女儿，按照天主教的教义抚养她们。当德国人占领村子的时候，他是唯一一个敢反对吞并的人。在接下来动荡的岁月中，他曾公开谴责纳粹主义。在1943年2月，他被征进希特勒的军队。他知道拒绝很可能意味着死亡，还是选择了不去打仗。他的亲人、朋友，甚至当地主教都劝说他改变心意。"就算为你的家人吧，"他们劝他，"不是你自己就能改变现实的。"但是他坚持对纳粹主义说不；8月9日，他在36岁的年纪被送上了断头台。

现在雅格施泰格的孙女把这个陈旧的、布满灰尘的"不"放到我们的手里，问我们它是否有价值；如果有价值的话，能值多少？我们该对她说些什么呢？他祖父的拒绝让他成了个英雄呢，还是傻瓜？他是个负责人的人还是粗心大意的父亲？弗朗茨·雅格施泰格说的"不"到底有什么价值？

*

事实上，《灵魂鉴宝》由来已久，自有我们之日起就存在。我们最早的道德评价者汉谟拉比（大约出生在公元前1792年），留下了这样几条评价标准："以牙还牙，以眼还眼""如果手术不成功导致病人死亡，外科医生的胳膊就要被砍掉"。另一个很有影响力的专家有几条任性的标准。他认为，一个穷妇人的几个便士的礼物超过比尔·盖茨的慷慨解囊；一个浪子回头的败家子比他老老实实尽孝的兄弟更值得赞赏。

在西方哲学传统中，没有比康德更深刻的鉴赏者了。他 1724 年出生在普鲁士小镇柯尼斯堡的一个马鞍匠家庭。康德一辈子没有离开过这里，这个地方为他提供了足够的经历，使他建立了一个不朽的哲学体系。康德在学校里不是特别引人注目，却不断稳定进步，最后在他的母校柯尼斯堡大学作了讲师。他的薪水由他吸引来的学生数量决定。他上课的内容无所不包，特别是有关科学的东西。他的天赋慢慢得以绽放。他推测宇宙起源于一团气体，并推断出银河系是螺旋星系。他终身未婚，总是思虑太多而错失良机。尽管康德也发表了一些有趣的论著，但直到他快 60 岁的时候才发表了他伟大的哲学作品：《纯粹理性批判》《实践理性批判》和《判断力批判》。这些作品让最智慧的德国诗人海涅对他刮目相看，海涅认为，康德在小乡村里进行的研究，要比罗伯斯庇尔和他的断头台对欧洲既有秩序的影响更大，因为他“震惊了上苍，缴去所有士兵的武器，让世间君主哑口无言。”

传言说柯尼斯堡的家庭主妇把这位教授每日雷打不动的午后散步当做闹钟来用。这个教授坚持的神话也说明了三大批判如钟表般精细和精确。尽管康德把自己的作品批得一文不值，约翰·哥特弗雷德·赫尔德写到，“我有幸认识一位哲学家。他是我的老师……

人类和民族的历史，自然历史和科学，数学和观察，都是他让课堂和谈话充满生机的来源。他对不值得知道的东西是漠不关心的。他启发，温柔地推动别人独立思考；他思想不强势。这个我报以最大感恩和尊重的人就是伊曼努尔·康德。”

几年前，我受邀通过爱荷华通讯网络去教授伦理学入门的课程。为了要同步远程播放，教授要狂按数不清的按钮。学生一般都在课上聊天，打盹，开小差，因为他们在教授的小屏幕上很难被看到，要是不按麦克风的按钮，一点也听不到他们的声音。我像个傻子一样，为了取悦新来的主任，同意了。为了工资单上增加几百美元，我每天醒着的时间都用来批改越来越繁重的学生作业，虽然能力不济还是忙于承担班主任、作家、摄影师、慕课明星这些角色。因为后来曾和一个学生有几次片段的交流，所有这一切付出都值得了。

茱莉亚从不说话，一般都坐在摄像机拍不到的地方。她交上来的作业挺好，但不足以让人印象深刻。有一天她来到爱荷华城的现场教室上课。那天课上讨论康德的道德哲学，主要观点是，行为的结果不能作为评价行为的标准，行为的道德价值来自于行为的动机。康德这个观点与“好撒玛利亚人法”的精神一致，该法目的在于使人做好事时没有后顾之忧，不用担心因过失造成伤亡而遭到追究，从而鼓励旁观者对伤、病人士施以帮助。课后，她过来向我做自我介绍。她刚要开口，工作人员把我们赶出了教室，他们要准备下一节电视教学。

我们走到教室外的走廊上，茱莉亚看着我的眼睛，急切地问，“康德说的对吗？”——她盯着笔记本上的几行笔记——“行为的结果和它的道德价值无关吗？”我用老师惯用的招数反问道，“那么，你怎么看？”她讲了她儿子的故事。

几年前，她回到家发现儿子从楼梯上失足跌下，至少她丈夫是这么说的。她的丈夫——在她讲故事时应该是前夫了——很粗暴，她怀疑很可能是他一时愤怒把儿子推下楼的。儿子伤势严重，出院的时候，只能坐在轮椅上，稍微一动就疼痛难忍。茱莉亚做了她能做的一切。一天，一个医生告诉她一种手术，尽管很危险，但可能会改善他的状况。茱莉亚十分纠结。但实在不忍心看到儿子受苦，她最后同意做手术。手术进展顺利，但是由于无法预料的并发症，她儿子还是死了。

她丈夫为儿子的死责备她。她自己也有些责备自己。她只是想帮助受病痛折磨的儿子，然而她的决定却导致了他的死亡。学生和老师成群结队，面无表情地从走廊两边走过，她看着我，泪水从她的两颊滚下，她又一次问我，“康德说的对吗，是不是动机最重要而不是结果？”

茱莉亚的决定，部分是因为她受不了看着儿子受苦。母爱是复杂的东西，强大而温暖的亲情往往与各种形式的自私交织在一起。然而茱莉亚并没有为自己开脱。我们真的很赞赏她的灵魂，人类对人类式的。她的眼泪让我想起了我最喜欢的画作，迪里克·布茨的《悲伤的圣母》里露珠式的眼泪。这幅画把玛丽画成了一个平凡的母亲，一个因为儿子的死哭了很长时间，眼睛布满血丝的母亲。我能想到的话只有："我一直不确定康德的道德哲学是否正确——直到现在。行为的结果，不管多可怕，不影响它的道德价值。听了你的故事，我相信那是对的。"

*

2001 年 9 月 11 日下午，美国政府下令，所有在美国领空内的民航机立即降落。如果违反禁令，将被击落。这项决定的背后似乎有着合理的理由。如果飞机不降落，很有可能就是被劫持了。如果它不被击落，那就很有可能撞击其他重要建筑物，导致建筑物里无辜民众的死亡。的确，击落民航机是一件很可怕的事情，会有很多无辜者死去；但是若任由民航机撞击建筑物，机上乘客还是会死。这是在两个糟糕的选项间进行的冷酷计算，整体而言，击落飞机会造成的不幸较轻微。我们的政府审视了每种可能性和能带来的后果之后，选择了更好——或者至少来说，更不坏的那一个，这便是政府论证的基础。

行为的价值在它所能带来的结果之中，简言之，只要目的正当，便可以不择手段，这种观点我们称其为"结果主义"。结果主义理论认为，当一个行为促成了好结果便是好行为，造成了坏结果便是坏行为。9 月 11 日的那个下午，总统或那个最终下达命令的人，极有可能使用了这种道德逻辑，在两个决定可能造成的死亡人数之间进行了权衡。

康德激烈地反驳了结果主义的逻辑。他的主要论据之一是，将我们的价值置于一个我们毫无把控的东西之中是荒谬的。我们不是神，无法把握或预测我们的行为会带来什么后果。如果总统真的能拯救一千个人，他应该这么做。但是，事实上来讲，他做不到。他能做的只是杀掉一百个人，希望这么做的同时能救一千人。而这个结果只是猜想，太不确定。这样做确实可能降低了整体死亡人数。但是也有可能——基于联合航空 93 号班机的事——我们假设被劫持的航班上的乘客正在奋力反抗恐怖分子并试图安全降落。

在康德看来，我们所需要考虑的只是行动，无需考虑结果。如果杀死无辜市民是错误的，那么根据康德坚决的逻辑看来，我们应该选择不这么做——永远不。恶是不能被许可的，不管能否带来任何好的结果。（马克斯·韦伯，20 世纪一流的社会理论学家，对伦理进行了区分，一种是信念伦理，基本上可以理解为康德的伦理；另一种称为责任伦理，意思是当权者对事情结果负责、承担风险的责任。责任伦理是否与政治决策的评判更有关联呢？）

在《道德形而上学之基础》的开篇，康德有一句影响广泛的话，“如果没有标准，这世上的任何事，甚至这世界之外的事，都没有可能被看做是善的，除了善意本身。”“善意”意味着康德认为做好事要有好的原因。而其他的好事——比如美丽、富有、勇气、甚至幸福——都只能在人的内在是好的情况下才能被看做是好事。比如外表好看的纳粹分子、富有但不择手段的律师、“勇气十足”的恐怖分子或者快乐的强奸犯，你不会认为他们是好的吧。从绝对意义上来看，最重要的只有一个——不管是现在还是来生，在这里还是在银河里的哪个星球上——行为人内在的品质，也就是善意。

在给我班上的学生讲完康德的道德价值概念后，一名叫做瑞奇的世故的学生，提供了一个很好的例子，说明了什么是缺乏道德价值的好行为。他说，几天前，他出门晚了，正开快车往教室赶。路上看到一个女士站在一辆爆胎的车旁挥手求助（当时还没有人手一部手机）。他靠近后发现，落难的少女正是他整个学期向往已久的同学，他随即停好车去帮她修车。“我想你可以这么说，”瑞奇带着一丝略显邪恶的眼光说道，“尽管我做了正确的事，但是我的行为却是缺乏道德价值的。”

康德的道德价值学说带来的一个耐人寻味的结果是，常见的宗教道德概念——用天堂和地狱劝说人们行善避恶——到头来摧垮了我们的道德价值。如果你期望上天堂而做善事，那么其实跟瑞奇并无二致。如果你脑中那地狱的火海是唯一能阻止你小偷小摸或更恶劣的罪行，甚至说你想象中的地狱景象是如此可怕以至于你再也不敢为恶，你的道德依然毫无价值可言，你像个幼稚的孩子，只因家长跟在身边所以不敢欺负别的孩子。康德认为，亚伯拉罕牺牲自己的儿子来取悦于神，本质上是不道德的。

换个角度看，如果你冒着遭受神罚的危险也要去做正确的事，你的行为明显是有道德价值的。以《哈克贝利·费恩历险记》为例，哈克要决定是否出卖他的朋友吉姆——一个逃亡的黑奴。哈克的道德观是由笃信宗教的白人塑造的，在那种观念中，奴隶是财产，释放奴隶是违背神的意志的。尽管他喜欢吉姆，但依然写了一封信给华生女士——吉姆原来的主人，告诉她吉姆的所在地。一开始他觉得“如释重负”，做了这世界上正确的事。但最终他撕掉了这封信。将他的朋友投案会违反他内心最深处的良知。他以优美的文字宣称“好吧，那就让我下地狱吧。”恰在这之后，他才配得上去天堂。

我们能一直做到为了正确的理由做正确的事吗？康德举了一个例子。商店向所有顾客收取同样的价钱。为什么他公平地对待每个人呢？商业改善局曾在《纽约时报》上做过一个醒目的广告，“诚实为上策，也是最赚钱的。”如果店主对每个人公平是因为这是公正的，那么他的行动有道德价值；如果他的公平是为了更好地赚钱，那么他的行为便没有道德价值。到底是哪个呢？很难说，甚至店主自己也很难说明白。我们大多数的善举都会带出这个区分困境。我们为慈善捐款是因为我们想要帮助穷人——同时享受减税优惠。我们不偷盗，因为偷盗是错误的——同时也因为我们不想进监狱。我们为善，因为这是正确的——同时我们也想上天堂。同时拥有这两种动机本质上并没有什么罪过。不想进监狱，想要上天堂，是很自然的事。但是这些双重动机也使我们的真实的价值藏于暗处。只有在我们接受真正考验的瞬间才能看到一些线索，在我们戴上裘格斯的隐身戒指时，在我们觉得自己可以逃脱处罚时，当我们的慈善之举完全匿名而又毫无回报之时，当我们对抗纳粹的举动会招致死亡之时：唯有此时才能看清我们到底是什么样的人。

康德不打算拿我们已知的道德内容来说教。善基本上是我们一直以来都知道并且互相告诉别人的东西。你希望别人怎么对你，你就该怎样对人。或者用孔子精练的话来说，“己所不欲，勿施于人。”康德试着将这些精神提炼成纯粹的理论，他称其为“无条件道德律令”。当一个像你我一样的有逻辑思维的存有必须决定我们的世界应该是什么样时，我们除了直白的应用法律理念之外别无他法，因为它的合理性简单而又纯粹。依照一个原则来做事，并且不造成自我矛盾，便会使所有人都这么做。你希望别人怎么对你，你就该怎么对人，无论对象是你的母亲、你最好的朋友、你的邻居，还是你的敌人。康德给出了数个无条件道德律令的公式，每一个有着同样的分量。“要这样行动，使得你的意志的准则任何时候都能被看做一个普遍法则。”“我们永远不能仅仅把人作为达成目的的手段，而始终要将之作为目的。”“每一个理性者都必须通过自己的意志的一切准则而把自己视为普遍立法者。”无论表达的方法如何，基本道理如同妈妈对你的要求差不多，“如果别人这样对你，你会是什么感受？”我最喜欢的道德律令来自威廉·詹姆斯：“世上只有一个无条件的诫命，我们必须心存敬畏，用所有的选择和行动带来我们所知道的最大程度的善。”不过，康德可能会觉得这一条在概念上显得有些混乱。

我们阐述道德准则是为了指引我们探索内在的伦理，让我们了解行为的力量不只在于有帮助或无帮助，有用或无用，而是在于行为是正确还是错误。从康德的角度而言，这条黄金法则有些欠妥，我们不能按一己的好恶来看待道德。道德不单单只是我们喜欢一些事或行为，并将其强加在他人身上；最重要的是尊重一个集体的尊严。道德律令的公式是道德的诗词，是正直的俳句。它们不是只为了计算出正确答案的程序。它们反而更有可能比最高法院讨论的宪法条例更难被应用到我们的生活当中。道德法则的力量促使我们走向正确的道路。康德哲学中一条贤明的忠告是这么说的：如果你担忧自己的美德和他人的幸福，你会提高这两者；如果你担心别人的美德和自己的幸福，那么你会减损它们。

为什么我们应该为善？德国神秘主义者安格鲁斯·西勒修斯说："玫瑰即玫瑰，花香无意义。"盛开之于玫瑰，正如做正确之事于人类：我们这么做，因为我们应当这么做。如果我们做善事时有着外在动机，那么按照康德所说，我们的善行是有瑕疵的。唯有我们纯粹为了善而行善，我们的行为才是完全的善。斯多葛学派认为我们的责任源自我们对本性的接纳。与此相同，康德也认为人们有着共同的责任去公正地、带有尊重地对待每一个人，这是源自我们拥有理性的天性。那么不可思议的悖论就出现了。唯有当我们有道德地互相对待时，我们的存在才有必要。唯有当我们毫无目的地做了某事后，我们的生命才有意义。唯有当我们遵循道德法则之时，才是真正的自由。

跟帕斯卡一样，当康德仰望夜空时，他被广大无垠的星系而震撼。当他向内心窥探时，也如帕斯卡一样，感受到同样的震撼。我们的道德天性，用他的话来说，是一个“真实的无穷”。在巨大的星际之中，我们不过是微小的斑点——甚至连这都不如。但是我们的道德想象力将一切反转，与我们宏大的闪耀的道德相比，群星不过是黯淡的尘埃：

> 有两样东西，我们愈持久地加以思索，它们就愈使心灵充满日新月异、有加无已的景仰和敬畏：在我头顶的星空和居我心中的道德法则。我不仅仅推测它们，还寻求它们，仿佛它们在黑暗中模糊不清或远超出我视线的范围：我看到它们，并将其同自己存在的意识直接联系起来……（我心中的道德律）始于隐形的自我和我的个性且展现我在一个世界，这个世界有真正无限性但理解有迹可寻——我意识到自己存在宇宙之中且很有必要（而繁星的存在只是出于偶然），因此同所有可见世界相联系。

康德是一个探求边界的哲学家。在他大多数的哲学著作中，他努力寻找我们可做可见，不可做不可见的极限。结果他发现我们可做可知的东西还真不多。我们无法控制我们行为所造成的结果。我们无法知道神是否存在。我们不知道自己的灵魂是否不朽。我们不知道世界到底是什么样子的。我们甚至不能确定自己到底是不是自由的。因为只有自由的意志才能使我们的道德有意义，所以我们被迫相信我们自己是自由的，但是被迫相信某事很难证明它是真的。当讨论知识和力量时，康德的底线是：我们并不是神。

但是依靠道德律令，康德几乎已经把我们当成了神：行动时，仿佛你遵循的准则可以被看做自然法则。而除了神，谁又能制定自然法则？从核心来看，道德便是扮演神，扮演一个善良的、理智的神。道德基础之上的自由是一种神圣的权力，只是相较于自然之力，自由的力量微小一些。但它确实有着一定的功效，我们今天称其为文化；某种程度上来说，我们作为人类也会塑造自身。我们住在一个由我们认为自己是谁的想法所构成的房子里，一个从祖先那里继承来的房子，一个我们必须持续跟上的房子。如果我们想让人类以某种特定的方式来生活的话——文化，这个神奇而强大的工具，常常帮助我们达成心愿。

康德的道德愿景中最鼓舞人心的一面是他对于道德进步的认可。他认为人类是有可能变得更好的，我们的小房子是可以升级的。道德法则从来都不是人们处理事物的方法蓝图，但是我们依然可以或多或少的以此为标准来生活。自从康德的时代，人性已经诞生出数个可看作道德进步的例子了。就拿美国不同人种之间的关系来说。从 1862 年 9 月 21 日，签署《解放黑人奴隶宣言》的前一天，到 2009 年 1 月 20 日，这 147 年的时间里，差不多经历了 7 代人，美国从奴役走到了解放，从《吉姆克劳法》走到了民权法案，从职场天花板到拥有一个黑皮肤的总统。即使今天仍有数百万的邪恶，其中包括可恶的种族歧视，我们在这 147 年的时间里确实获得了很多重大的道德进步。道德进步的果实总是脆弱的，可以被毁灭的，并且有时伴随着罪恶的。但我们不应如此愤世嫉俗，认为国家在推动奴役和私刑非法化方面未发挥重要作用。

因此我们拥有某种上帝般的权力。是的，我们无法改变自然进程。是的，我们无法要求文化按我们各自想法来体现。是的，我们为强有力的性、权势和享乐的欲望所包围。是的，我们陷入社会角色中，该角色给我们提出深刻的要求。也许我们甚至应该屈服于神权。然而我们有这种神奇的能力对上帝、自然、我们的倾向、社会角色和纳粹说好或不。我们说好或不体现在我们文化的社会层面，是由我们人类创造，因此可以撤回或改造。根据康德的观点，每当你表现自私，你就一直保持自私的文化。每当你按照道德律法做事，你在释放我们天生的高贵天性。当你靠撒谎使他们从困难中脱身，你已站在撒谎者一边。当你说实话不顾及如此行为带来的个人后果，你已和为道德而战的人们穿统一兵服并肩作战。康德提出精彩绝伦的“目的王国”概念，王国里人们彼此以完满的道德尊严相待，人们仅仅遵循黄金规则。我有时在想，整个地球由一个又一个灯点亮，人们践行道德准则。黑暗必定超出那些善行的小灯，但让我振作的是可能有更多光亮，比我们消极相信得还要多。目的王国里灯光围绕着我们四处闪烁。

*

有时康德因过于乐观且相信道德的纯粹而遭受批判，人类社会并不是因这严苛的律法而得以建构。正如康德当时所说，“由于人类本性犹如一个弯曲的木材，所以不可能达到直的要求。”康德清楚地知道人性道德弱点。事实上，他深知人性的黑暗，以至于他有时甚至怀疑人类历史上是否存在着真正有道德的举动：“理由会继续左右着行动，世界也许从来举不出一例来佐证。”但是他认为没关系，正确即真理，尽管我们的行为并不纯正，道德之光照亮我们的所作所为，能够意识到道德行为并不是什么了不起的成就，孩童都能非常清楚童话故事里的好人与坏人。我们经常努力为自己的不道德行为找个说辞，我们经常会染上恶习，我们容易变得自私。但是不管怎样，那一束微弱的道德之光努力在我们的内心世界中摇曳着、闪烁着。

康德遭遇的另一个猛烈的批判是：我们不是道德之神，我们不能创造一个道德的世界，道德体系多半建立在既有传统与地域的风俗和美德上，因此，依赖自由的康德道德思想终将以失败告终。这种批评有其合理性。现代社会道德体系的建立确实如此。当亚里士多德思考道德标准时，他想的多半是成为一名希腊城邦合格公民所需的优秀品质。在现代社会，仍然有一些类似的传统在束缚着我们，但是这些传统也没有那么重要，而且变得越发复杂。传统不断衰竭，个人权力就会随之增加。当我看蜘蛛侠的漫画时，首先我学到的道德准则就是：能力越大，责任越大。这句话也可以运用到传统这一例子中，如果说我们的传统能够维持我们的道德标准，那么道德法律会间接地要求我们努力营造具有更加牢固传统的世界。

我们以现代世界的新闻媒体为例。我们的时代有各种抱怨：媒体成了戴着有色眼镜、思维扭曲、贪婪的丑闻散布者；网络充斥着片面的偏激的言论；报纸的式微摧毁了真正的新闻报道。所有这些埋怨大都确有其事。就这个例子来说，康德的道德思想是有用武之地的。我们有需求，媒体才会这样报道。正如最近一名评论员说的那样："媒体会这样，是我们自找的。"我们在此运用一下康德的"无条件道德律令"。你想创造一个怎样的新闻世界？你希望自己以及与你意识形态对立的人生活在一个怎样的世界？你希望你的孩子、你的姨母、邻居、你最爱的老师和你的敌人生活在一个怎样的世界？你希望创造一个不会违背新闻宗旨，能顾及所有人的尊严的世界吗？记者力争报道事实，评论员们不会故意扭曲事实以达到自己的目的，这样的世界如何呢？民众可以就关心的问题读到多方观点，这样的世界如何呢？尊重隐私而非报道丑闻，这样的世界如何呢？我们面前有两个选择。我们可以指责媒体不能满足我们的需求，担忧他人的德行和自身的幸福。我们也可以改变自己。当不喜欢电视台的新闻报道时，关掉即可。为力求精准的报道买单。就争议问题阅读多方观点。我们甚至可以阅读更多的文学和哲学，这是埃兹拉·庞德在《阅读 ABC》中提倡的"新意永存的新闻"。

“但是我做了一切事情，事情仍无真正转机。”正是在这种抱怨中，就负面意义而言，我们成为上帝的欲望自我显露出来。斯多葛派哲学家反复提醒我们，事情的结局如何并非取决于我们。从我们人类品质来看，结果并不重要。倘若做某事是对的，我们应仅仅就这个原因去做事。倘若你需要一点希望，记住“事情终将不会有转机”这句话经常被人类推翻，尽管改变不总是带来好的结果。我们真正要面对的问题是我们该为哪一边奋斗。

*

我们通常会对坚持一种诚实正直的生活心存畏惧。“太难了”，我们心里犯嘀咕。的确，我们不可能过完美的生活。康德的哲学也许可以帮我们一点忙。一位诗人说，佛陀的思想可总结为两个字：觉醒。从本质上说，康德所有晦涩难懂的作品也可总结为两个字：成长。提出几个个人问题和公共问题，并决心用“无条件道德律令”付诸实践。如果失败了，就发挥想象设想一种比较不失败的生活。青年人总是以为只能二选一，“要么完美，要么不做。”成年人已经知道我们的局限，而且不会为受限而意志消沉。对了，改变人生并非那么难；真正困难的是“决心改变”的那一刻。

康德把成长称为觉醒或觉悟。我们作为理性的存在拥有童年期、青年期和成人期。童年期，我们接受一切权威事物。青年期我们释放自由并通往十字路口，要么服从权威要么拒绝权威。其实两个选择均不理想。服从权威就是拒绝成长。拒绝权威仅仅是用内在的暴君取代了外在的暴君，我们的希望和欲念成功夺权成了新任国王和王后。然而，倘若我们坚持理性的本质，我们就能看到权力的局限，无论是我们自己的权力还是权威的权力。有时我们甚至能瞥见人类存在的基础，所以能据此判断出权威是符合还是背离其基本原则。作为成人，我们行事必须心怀道德而非自私自利，坚持理性而非固执教条，提出问题而非消极怀疑，关注己德行他幸福而非己幸福他德行，决断英明而非愚蠢，自我觉悟，自我修正，认清限制和注重自由。倘若人性不是完美的，那么明知不完美仍然努力追求，这种高贵的品质也是人性。玛格丽特·尤瑟纳尔笔下的哈德里安说：

我们都明白人生艰难何其多。但正因我对人类处境期望不高，人们所获得的幸福年代，局部的进步，重新尝试并且持续发展的努力，在我看来几乎可以抵消那规模大到可怕的疾病与失败，漠视与过错。灾难和毁灭会出现，混乱社会会胜利，但秩序同样也会，虽然只是偶尔……人性、自由、胜利这些词终将在我们的努力追求下，重新在世间获得意义。

*

回到弗朗茨·雅格施泰格的孙女：我们该怎么和她说，有关她的祖父拒绝为纳粹服役一事，我们做了怎样的判断？

倘若我们判断行为的结果，我们必须说他的“不”是残忍的：他抛下妻子儿女，却未能阻止纳粹的恶行。他会下地狱，待在愚蠢的理想主义者那一层。

如果我们根据他的行动与行动所在文化的一致性来判断，我们依然要让他下地狱。他周围的人都投票赞成被德国吞并。即使连代表宗教权威的主教都审时度势，愿意暂时倒向纳粹。雅格施泰格应该待在地狱中桀骜不驯的个人主义者那一层。

然而，这些评价难道没有遗漏什么本质的东西吗？难道他拒绝纳粹主义，甚至以死相逼，就道德层面而言，没有给你内心深处带来些许震颤吗？倘若，将他的故事看做是童话（很显然，结局将不得不作出改变来掩饰恐怖：让我们给他一条充满魔力的围巾，使他的脖颈不被断头台的刀刃所伤），显而易见，他是良善之人而非邪恶之人，难道不是吗？

在康德学派的评价者眼中，雅格施泰格先生的做法仿佛道德之光，微弱却炙热，他为世人指出通往“目的王国”之路。他的行为没有为世界带来显著的改变，但没关系。他周遭的人还有主教反对其决定，只是更加凸显了他的道德价值。我内心的童话寓言家认为，弗朗茨·雅格施泰格的拒绝足以弥补他的其他罪行，如此一来，死后他便可升入天堂。我内心的现实主义者如果有点诗意的话，会告诉雅格施泰格的孙女说，“孩子，关于这个‘不’字，即使排除当时的恶劣环境和严峻形势，我保守地评价，它的价值犹如——听好了——茱莉亚的泪珠。”

9. 野兽——不存在的存在

不同于其他神话系统，圣经中的龙看似总是凶险至极。此种说法，不仅源于其口吐火球、活吞幼婴，令人毛骨悚然、避而远之。而且在于，较之所有残暴无比的动物，唯独龙却并未真实存在过。

——诺斯洛普·弗莱

凯西过去时常在我的办公时间过来，坐在桌旁的椅子上，盯着我的眼睛问："上帝为什么会允许邪恶存在呢？我怎么想都想不通。你告诉我答案吧。我睡不着。"学生们常常问我一些难以回答的问题，仿佛我可以随时从帽子里拎出答案似的。凯西问这个问题不仅仅是出于好奇心，她是迫切地真心讨论"恶的问题"。她确实无法入睡。

因丈夫工作的缘故，十年前，凯西从中东一个国家来到爱荷华（她请求我模糊她的身份，原因在于，她还要返乡，在那里有些探讨被认为是亵渎神明）。她大部分时间都在家里做家务，交际范围仅限于移民社区。她来到柯克伍德上课，英语虽差强人意但不尽完美。令人出乎意料的是，在这样的学习氛围下，她研读课本、课上提问、结交挚友，写作及思维能力日臻完善、大放异彩。一学期后，她的写作及口语超越了——在大多数情况下，远胜于——本地的伙伴们。我们志同道合、一见如故、相谈甚欢，举例说来，我从小就吃母亲做的黎巴嫩饭菜，凯西呢，也在中东生活过，如此一来，我们便会将各自的胡姆斯酱食谱拿来作比较。

凯西最初选修过我教的基础推论课，我喜欢教授基础逻辑方面的课程，尽管这门课偏技术性，没有太多发挥的余地。但对凯西来说，学习形式逻辑结构令她大开眼界，使她从之前刻板的教育模式中觉醒过来。她目不转睛，那模样，仿佛我刚创造了一个崭新的概念，她说："您这是在教我们如何思考呢！"——这句话让我想起，哲学家的愉快莫过于能够清楚地陈述敏锐心智的原则。

我问她为什么对恶的问题如此感兴趣，她解释说，天主教的信仰一直是她生活的重要组成部分。年轻时，她心中有一个愿景，想做一个修女，但父母不同意。婚后，她安定下来，生了一个女儿，之后便全心全意投入家庭。基础推论这门课学完之后，凯西又跟着上哲学导论，课上我们研读了安萨里，我曾问她，怎么看待神秘主义，她皱起了鼻子，将神秘主义作为宗教基础让她不知所措。

她是一个虔诚正统的天主教徒，但像神秘主义者一样，她也有一些非正统的疑惑。她曾告诉我，有一只鸟，每天早上来到她家啄门，那声音就像敲门一样。她打开门，那只鸟往后跳几步，用哀求的眼神看着她，直到她拿一些面包屑给它才肯罢休。她以一贯的热情问我，是否有可能，这只鸟是流产孩子的转世灵魂，因为，小鸟持续的啄食让人想起婴儿吃奶的样子。

*

我在课上提出“恶的问题”，借此呈现复杂哲学问题的各种论证方法。一个全善全能的上帝为何允许“邪恶”的存在，此处的邪恶可以定义为不应该遭受的苦难。它通常分为两类：“道德之恶”，包括人类对彼此施加的不公平痛苦（强奸是一个力证）和“自然之恶”，这种不公平的苦难源自存在自身（例如骨癌或地震）。我们以两个彼此联系的论证来陈述怀疑主义者的立场：

> 如果上帝是全善的，那么，他应该不希望出现任何不公平的痛苦。
>
> 如果上帝是全能的，那么，他应该有能力消除任何不公平的痛苦。
>
> 所以，如果全善全能的上帝存在，那么，就不应该有不公平的痛苦。
>
> 但世界上有很多不公平的痛苦。
>
> 所以，全善全能的神，不存在。

打个比方，如果你有一种药物，可以治愈一个孩子的癌症，把药给这个孩子不会给你带来任何麻烦，但你拒绝把药给孩子。这种情况下，我们可以说你很善良吗？同理，如果一个全善全能的上帝存在，他一定有能力治愈患癌症的孩子，然而，世界上的儿科肿瘤病房足以证明，他没有给孩子们提供帮助。

恶的问题的正式提出可以追溯到伊壁鸠鲁，但其实早在《约伯记》中就有相关讨论，而且引起神学家特别是基督教神学家的关注，全善全能的上帝教义也由此产生。关于恶的问题，可以直接从逻辑推导出三个解决方案。首先，人们可以否认世上存在恶。许多宗教信徒以愚蠢的热情拯救上帝，坚持认为所谓的邪恶只不过善产生的过程中必然出现的阵痛。饱含智慧的《圣经》不止一次否定这种说法。耶稣自己说过，“（天父）叫日头照好人，也照歹人。降雨给义人，也给不义的人。”但对于把耶稣被钉十字架当成历史核心事件的人来说，应该特别难以相信没有人遭受不公平的伤害。其次，人们可以否认上帝是全善的，如袄教、摩尼教和多神论者。最后，人们可以否认上帝是全能的，正如柏拉图在《理想国》所说：“因此，正如众人所说，既然神是善的，他就不可能是万事万物的因，只能成为人世间发生的少数事件的因，不能成为人世间绝大多数事件的因。”一般来说，正统的基督徒不太接受这些逻辑选择，他们大多认为恶存在，同时也相信存在一个全善全能的上帝。

我在课堂上讨论恶的问题之前，凯西赞成经典的神学立场，全能全善的上帝可以与恶并存，因为上帝赋予人类自由。自由是一种恩赐，使我们能够与上帝建立有意义的关系，但它有可能被滥用从而成为邪恶。此外，上帝给了我们道德律来正确地运用自由。但自由的本质却开启了我们忽视上帝指引的可能性。因为我们背离了上帝和道德，才使邪恶在这世上横行。本质上，上帝创造的一切事物都是善的，但他为邪恶留下了空间。邪恶，不是一个事物，而是一个缺失，是我们应该抵抗而经常不去抵抗的漩涡，是一头因为不存在所以存在的野兽。

凯西思索了恶的问题之后，认为只能用这种想法来解决。滥用自由，至少在逻辑上足以解释谎言、强奸、谋杀和战争为什么会发生。就连自然事件造成的一些不公平的痛苦如癌症和飓风，也可以通过滥用自由进行合理地解释。吸烟者得癌症不完全是上帝的安排，或许卡特里娜飓风的许多受害者是因为政府失灵和决策不善而受苦甚至丢了性命。虽然我们倾向于让自然多承担责任，而我们自己少承担一些责任，但苦难的余额依然超出了人类选择的结果。此外，人们也不愿接受自由可以作为发生苦难的借口。

凯西思维敏捷，可以想到许多例子，但却在一件事上卡住了。她有一个好朋友，虔诚地祈祷生一个孩子。经过长时间的尝试，她朋友的愿望得以实现。但满心欢喜的母亲患上了子痫前期，在生产时难产而死，孩子保住了，很健康。凯西帮助她朋友的丈夫照料这个小孩，视如己出。但每每想起朋友的心愿只是生个孩子而已，却遭此劫难，撒手人寰，留下了丈夫和孩子，她百思不得其解。她眼含怒火问我：“全善的上帝会在一个母亲分娩时判她死刑吗？”

我给了她约翰·希克经典作品《恶与仁爱的上帝》的节选本，

这位神学家认为这个世界仍在创造的过程中，人类的灵魂仍在发展，必须经受反复测试与千锤百炼。凯西对这个论点不感兴趣。经过一番冥思苦想，最终她总结说，上帝必定全善，但不一定全能。她说，上帝必然像她一样痛哭，但没能力去除现实中的恶。

*

正如前几章所述，我一直力图阐释实用神秘主义。所谓神秘主义，指的是当我们面对极具震撼力、难以理解的现实时，思想不为固有成见所限制。安萨里把神秘主义做到了极致。我所谈论的神秘主义同样适用于我的学生吉莲，她困惑于医院的存在价值这个问题；当然也适用于我的学生茱莉亚，她和康德一样，思考着道德价值的谜题。从某种程度上说，类似体验所揭示出的道理是语言无法表达的，无法完美地使其概念化。当我们真实地面对现实时，总会多少体验到苏格拉底的那句名言——“我知道自己一无所知。”尽管如此，这些神秘时刻却或多或少地揭示出了部分真理，并强烈地促使我们认识这些真理。我们必须遵照这些真理去寻找信仰并付诸实践，这就是实用主义。

我的实用神秘主义特别适用于解释邪恶这一概念。试想一下，你或许无法恰当地给蓝调音乐下定义，但是如果你需要一个概念才能认识蓝调，恐怕人生会变得很绝望。与之相似，我们或许无法为邪恶下一个令人满意的定义，但可以肯定的是，任何成年人——在这个问题上，年龄满五岁的人——都曾有过体验或目睹邪恶时刻的经历。所谓实用主义，就是找到能够抵御和抗击邪恶的可行方案；当我们真正面对邪恶时，保持诚实。

但在我与众多学生和同事的谈话中，许多人都不认为邪恶是现实事物。他们的理由如下：某人眼中的邪恶可能在他人看来却是美德；倘若以对某物极端厌恶为标准衡量，邪恶这一概念便失去了意义。我们又一次回到了游叙弗伦的老问题上：我们把某物称为邪恶的原因是什么？是因为它本身就是邪恶的？还是我们称其为邪恶它才是邪恶的？即使对于“希特勒归谬法”（对于像达豪和奥斯维辛那样的死亡集中营，你也能说它们不是邪恶的吗？），他们也片面地坚信游叙弗伦问题的答案（即，纳粹认为这些集中营是善的，因此他们眼中的集中营就是善的）。

或许由于我自身的学术局限性，我认为上述观点禁不起任何严肃的推敲。当然有纳粹分子把他们的暴行理性粉饰为伟大、正义，甚至是仁慈。例如，一个纳粹分子曾骄傲地宣称自己只射杀儿童；这是因为他的同伙处决了孩子的父母，他出于对孩子的怜悯才杀了他们。倘若让我相信这些谬论，我宁可相信 2+2=5！纳粹惨无人道地屠杀了 600 万人——男人、女人、儿童，如果我们连这种反人类的行径都不能定义为邪恶的话，我们就真的迷失在语言的暗黑森林里了。一位法国的神学家曾说，他能够理解有人不相信上帝存在，但绝对不能理解有人不相信邪恶存在。我们不妨读一下波德莱尔的评论：“教友兄弟们，永远都不要忘记，当你们听到自吹自擂的启迪时，邪恶所玩弄的狡诈把戏就是劝你相信世上不存在邪恶！”

人们认为善恶的区别是泾渭分明的，而相对主义的思想则质疑这种区分有失偏颇。指责别人是邪恶的行为常常被认为是坏事。当双方均指责对方为邪恶之时，就根本不可能达成和解方案。因此，对于那些反对我们的人，不妖魔化他们无疑是明智之选；与之相似，对反动政权保持克制、不称其为邪恶，无疑是高明的政治决策。

当相对主义者全盘摒弃了邪恶的思想时，他们便脱离了现实。基督教传统中，标准的教义认为，人类身上或多或少都有邪恶的成分。

*

苏珊·尼曼在《邪恶与现代思想》中指出，1755年里斯本地震是触发现代性的重要因素。这场地震把这座繁荣的葡萄牙城市夷为平地，大约十万人丧生。目睹如此大量的死亡，如同遭遇某种可怕的恶行，即我们通常所说的邪恶。当时的哲学家极力想弄清楚发生这种灾难的原因，开始清晰地论述刚刚兴起的自然和道德的概念。与此同时，有些人则回归传统老路，把这些事件归因于“上帝的行为”，并极力把这件事情概念化为“所有可能的世界中最好的”一部分。新兴的主流哲学家则开始以不同的术语理解这起灾难，而我们今天的很多观点便是从这里继承的。

这种新观点认为，地震并非邪恶，它只不过是一种自然现象；而自然是与道德不相干的，因为自然没有意识目的。我们应当把邪恶的概念限定在道德范围之内，限定在自由范围之内。只有满怀恶意的行径才是真正的邪恶。地震并非蓄意的“上帝行为”，而是一个由规则所支配的系统产生的后果。无论地震存在什么样的邪恶，这都与人类的选择有关，是人类的选择扩大了苦难和死亡人数。按照这种观点，上帝就不再为大众所关注，一切只是自然发生而已。只有人类可以担负道义上的责任，原因在于只有人类才可以为所欲为。

因里斯本地震而产生的关于邪恶问题的新观点，在历经其后三个世纪的改良和完善后，在康德的道德哲学体系中达到顶峰，但却在奥斯维辛集中营遭遇了一个新的人类学问题。汉娜·阿伦特在旁听了对阿道夫·艾希曼的审判后，率先提出了这个问题，她创造了“平庸之恶”这一术语来描述该问题。她得出的结论是：阿道夫·艾希曼虽然是大屠杀的设计者和执行者之一，但他却绝非目空一切的恶魔，他是一个试图在工作中尽职尽责以便养家糊口的顾家男人。他的邪恶代表了绝大部分现代社会的邪恶，并非有意识而为，而是盲从于一个邪恶的体系而产生的恶果。源自里斯本地震的哲学传统认为邪恶的概念仅适用于那些蓄意违反善良美德的人。我们如何去理解一个普通人碰巧双手沾满数百万人的鲜血呢？尽管“我只是尽忠职守”这一类的辩词貌似合情合理，其中也有部分实情，但我们是否可以据此让阿道夫·艾希曼和其他像他一样的纳粹分子逃脱道德的审判，仅仅是因为他们都不是自主选择故意杀人的？在现代化伊始，所谓上帝行为只不过是受规则支配的自然系统的产物，而在现代化结束之时，人类行为有沦为受规则支配的官僚系统之产物的风险。

套用尼曼的话，奥斯维辛之后，我们便“无家可归”了。我们对纯粹自然化的伦理描述，对于亲眼目睹纳粹暴行的人民而言，无异于往伤口上撒盐。反观近代以前的神学传统，尽管对于战后许多严肃学者极具吸引力，但回归这种传统则异常艰难。汉娜·阿伦特是这样谈及我们所处的僵局的：

> 我们拒绝承认这类命题，抑或认为这类命题是野蛮的，这些观点就是：“倘若有人胆敢冒犯自然，地球就会大声疾呼复仇；倘若邪恶破坏了自然和谐，就只能通过惩罚才能恢复秩序；一个集体只有通过惩戒罪犯才算是对道德秩序尽到应有的义务”（约瑟·罗格特）。而我则认为，有一点是无法否认的，即阿道夫·艾希曼被绳之以法的依据恰恰是这些早已被遗忘的命题。事实上，他们最终被判处死刑。

“平庸之恶”这个问题被斯坦利·米尔格拉姆和菲利普·津巴多等研究人员演绎得令人不寒而栗。在《路西法效应》一书中，菲利普·津巴多记录了著名的斯坦福监狱实验：在斯坦福大学一处临时搭建的监狱中，一群正常的男生被随机分为两组——狱警和囚犯。尽管他们仅仅是在演戏，而扮演狱警的人开始在言语上、生理上、心理上虐待扮演囚犯的人。“在实验之初，两组人并无差异；仅仅过了不到一周，他们就没有任何相似之处了。”菲利普·津巴多本人也被卷入这场恶行之中，因为即使在他目睹了虐囚暴行后，他仍然没有收手，还在继续这次实验。幸亏他的女友出面干预，才阻止了已经变了味的研究演变为真正的暴行。他总结道：“任何人所犯的任何暴行，不管有多么可怕，只要遇到合适的时机环境，我们任何人都有可能重蹈覆辙。这并非为邪恶开脱；恰恰相反，它为邪恶找到了一种民主化的解释，邪恶并非是疯子或暴君的专利，普通人都有邪恶的成分。”从本质上说，“平庸之恶”（我没有丝毫恶意）指的是：像你我这样的“体面”人，当被置于特定的社会架构中，都能够做出令人发指的暴行。

学者们围绕汉娜·阿伦特对阿道夫·艾希曼性格刻画的准确性这个问题展开过辩论，这是不难理解的。但我认为，她对于“平庸之恶”这一概念的整体定义是极富启示性的，这一点在菲利普·津巴多的研究中也得到了印证。更加重要的是，她讨论了我们应当吸取“平庸之恶”的教训。她认为，我们不仅需要知道，平庸之恶可能发生在任何地方，更加重要的是要知道，平庸之恶不会发生在所有地方。“从人道的角度说，人类不需要也不应当过多索取，因为这颗行星恰好处于适宜人类居住的位置。”或者，正如苏珊·尼曼所说，“倘若你对这些真知灼见的反应仅仅是喃喃细语——若非上帝保佑，恐怕我也难以幸免——你完全没有领悟。谦逊完全不是退让的借口；我们任何人都有可能和邪恶为伍，也有可能反对邪恶，就如同硬币的正反面”。

尽管我们已深知人人都有邪恶的一面，但技术发展导致的权力扩张，使这一问题更加严峻。我生活在冷战后期，过去常担心整个世界会被一系列的核战争毁掉，就像电影中描述的场景那样，粗心大意的黑客或是伪装的政府特工就能让世界毁于一旦。现如今，我的孩子们依然生活在恐惧中，常担心人类对地球的破坏已无法修复，包括人在内的众多生物将无法在地球生存。这些担忧还夹杂着些许末日论的迷信。但是，环境的恶化和核武器的威胁并不是我们的凭空臆想；希特勒的奥斯维辛集中营，原子弹给广岛和长崎带来的灾难以及 9 · 11 恐怖袭击都是真实发生的。这些事件的背后隐藏了人类的邪恶，而如今强大的技术力量和庞大的体制使这一邪恶不断放大。在某方面，我们又回到了该如何理解神明的残忍行为那个老问题上，差别只在于现在握有强大力量的就是我们自己。

*

在我看来，汉斯 · 约纳斯是位敢于直面人类僵局的思想家。有趣的是，他生前最后讨论的主题是思辨神学，和我的学生凯西很相似。1903 年 5 月 10 日，汉斯 · 约纳斯出生于德国的门兴格拉德巴赫。父母都是犹太人，有着当时欧洲犹太人的复杂特征：对待宗教教义不冷不热，热衷于犹太教的传统文化，却是爱国的德国人，或多或少乐于被同化。从很早起，约纳斯就对完全被同化的可能性表示怀疑，其一生都在支持犹太复国主义。他的父亲是一位商人，发现儿子智力超群后，坚持让他学习任何想学的知识，不用担心经费问题。因此，约纳斯得以在当时德国最一流的哲学家那里学习哲学和神学。这些名垂千古的哲学家包括：埃德蒙·胡塞尔、鲁道夫·布尔特曼，以及被公认为20世纪最伟大哲学家的马丁·海德格尔。其中，海德格尔的著作铸就了约纳斯思想的精髓。他在早期求学的生涯中，还结识了汉娜·阿伦特，除了曾因她关于艾希曼的作品产生过短暂分歧，两人一直保持着紧密的联系。

纳粹的罪行层出不穷，约纳斯离开了德国，先后搬到了英格兰，后移居巴勒斯坦，并发誓除非以获胜军队一方的身份，否则再也不会回德国。在巴勒斯坦，他遇见了妻子罗拉。第一次去她那吃晚饭时，约纳斯为桌子上的橄榄写了一首诗，赢得了罗拉的爱慕之心。1940年，约纳斯为实现承诺迈出了第一步，他重返欧洲，加入了英国军队。从军的那几年，他感到惊险，无聊，颠沛流离，无法安心读书，这迫使他“重拾哲学家的本职任务——思考”。他常常面对的不仅是自身的安危，还有可能会被毁灭的文明。他再次回到德国时，不是以受害者的身份，而是胜利军的一员。看到祖国一片凄凉，他作为胜利者的自豪中又感到一丝不光彩，这是可以理解的。当他最终返回兴格拉德巴赫时，却发现母亲早已被带到奥斯维辛集中营中杀害了。

约纳斯无法在德国继续生活下去了，后来，他职业生涯的大部分时间都待在了纽约社会研究新学校。然而，以士兵的身份回到祖国的经历让他对哲学的本质产生了怀疑。一方面，对他影响深远的伟大的老师背离了哲学生活。1933 年，海德格尔加入了纳粹党，并以多种身份为其服务。尽管战后海德格尔用温和的言辞批评了纳粹的行为，但他从不为参与政治感到后悔，也不向他的犹太学生道歉，其中就包括约纳斯和阿伦特。另一方面，海德格尔原来的同事们都以哲学原理为依据反对纳粹主义，使约纳斯深受鼓舞。

朱利叶斯·艾宾浩斯是教过我的一位老师，也是一位严厉、毫不屈服的康德式的人物，地位无法与海德格尔相提并论。他经受住了种种考验，这着实令人钦佩。了解这些后，我于 1945 前往马尔堡拜访他，向他致以敬意。他眼中闪烁着坚定信念，注视着我说："你知道吗，约纳斯，如果没有康德，我无法活到现在。"那一刻，我忽然意识到理论与生活其实是密不可分的。那么，究竟是谁更接近哲学的本质呢？是那位伟大的天才哲学家——他虽掌握深奥的哲理却仍在决策时违背了信念，还是他的那位虽无独创的理论但却刚正不阿的同僚呢？他们谁更虔诚呢？

我们再次回到了游叙弗伦关于权力和良善的问题上。站在游叙弗伦的立场上，那位违背了善良的伟大哲学家握有权力（他激励了约纳斯成为一位哲学家）。而从苏格拉底的角度来看，那位无独创理论的哲学家站在道德的立场上，拒绝参与任何邪恶的行为——这些恶行使约纳斯的母亲和不计其数的人失去了生命。究竟是谁才更接近哲学本质呢？“直到今天，我也没能找到答案”，约纳斯说道。

然而，从神学的角度反思时，约纳斯发现这个悖论根本站不住脚。上帝怎么会容忍奥斯维辛集中营的罪行发生呢？和凯西、柏拉图一样，在看待邪恶的问题上，约纳斯自此不再相信上帝是全能的。

*

汉斯·约纳斯在他的代表作《生命现象》一书中，认为生命发展的历程有三个重要突破。第一个突破是无机物向原始生命形式的转变。这是生命本身的飞跃，这一飞跃也伴随着需求的诞生。与石头不同，植物为了存活，必须源源不断地满足自身需求（阳光、雨露和养分）。当需求无法满足时，植物便会死亡。从严格意义上讲，虽然石头会破裂，改貌，甚至被风化，但它不会死亡。因此，生命的这次飞跃使死亡登上了历史舞台。从某种意义上讲，价值也开始初步显现，因为当一株植物因缺水而枯萎时，难免有些糟糕；当植物生机盎然时，又有几分欣喜。而石头就是石头，没有任何好与坏的价值。

第二个突破是生命形态从植物向动物的转变，生命开始能感受到自身。动物除了和植物一样需要养分之外，还能感受到饥饿。而这一突破也催生了痛苦和快乐。生命的形貌也变得更加适合远行，能够为了满足欲望而四处寻觅猎物。原本体现在植物身上的微小价值也极大提高，因为快乐无疑是好的，而痛苦是坏的。如果你养的植物因缺水而死令你有些难过的话，那么你那渴死的小狗，对你来说就像是场灾难。

第三个突破是生命形态由动物进化到人类。我们都是理性的动物，可以把世界和人类的存在概念化。同动植物一样，我们也有需求和欲望。但我们可以将欲望限制在观念的框架之中，也就是说，我们仅通过文化层面来感知欲望。我们会感到饥饿，但不会允许自己什么东西都吃。我们甚至会为了原则而活活饿死。以丹尼·巴里和安德鲁·奥沙利文两人为例，他们在20世纪初因反对爱尔兰自由邦的持续关押，绝食抗议而死。他们的死不是因为食物短缺，而是以爱尔兰共和国军成员的身份赴死——这一身份令他们战胜了原始的动物性本能。这个极端例子，只是为了说明我们的理性本质。尽管随着技术的发展，理性本质能够更好地满足我们动物性的需求，但在某些方面，又使我们超越了动物性的本能。

价值伴随着细胞的第一次繁殖奇迹般地出现。生命形态进化到人类之后，价值达到了新的高度。事情可以变得极好，也可以变得极坏。生命不仅能感知到自身，还能理解自身。我们可以明确地宣称某物是优是劣，是好是坏，是道德还是邪恶。作为动物，我们无法摆脱欲望的困扰，但我们同时还要忍受绝望。我们可以把巴里和奥沙利文的死看成是彻底的悲剧，事实上，任何人或任何其他事物的死都是悲剧。

生命进化到人类的另一个表现是自由的诞生。所有的动物都可以自由地追捕一个又一个的猎物。但素食主义者的存在向我们证明，人类有权选择不同的生活方式来满足（或不满足）动物性的需求。自由的力量催生了道德观念，即认为有些自由权利的行使得当，有的则不得当。当价值达到顶峰，一个新的事物就出现了：邪恶。

*

托马斯·霍布斯很喜欢一句拉丁谚语——homo homini lupus，意思是人类对待同伴就像狼一样凶残。但是，这个观点却源自对狼深深的误解，一点儿也不真实。即使按照我们人类的标准来看，狼也是美德的化身。狼是群居性动物，它们终生相互为伴。更确切地说，除非是为了满足觅食的欲望，它们决不会去凶残地厮杀，即使这样做时，它们的动作也干净利落。虽然它们时不时偷吃羊，但它们不懂得人类的物权法，不应受到责怪。和狼群不同，我们折磨并残杀自己的同类，虐待并杀害动物，还经常背叛同伴。我们对物权法了如指掌，但依然会去偷邻居家的羊。人与人之间的关系真的像狼群一样吗？

倘若非要和一种动物相提并论的话，我们更像是一种鸟类。如果将它们关在一个狭小的地方，它们会相互对啄，争个你死我活。因为鸟类和人类一样弱小，还没有形成强大的生物机制来抑制暴力行为。如果狼群肆意厮杀的话，它们活不到成年。但对我们来说，杀戮是一种无聊的行为，至少在没有技术参与的情况下是这样的。所以说，本性赋予了我们一丝残忍，来完成这项任务。

与鸟类和其他动物不同的是，我们有能力发明技术，把杀人变得像按按钮或扣动扳机一样简单。此外，我们有理性，这意味着我们杀人或作恶的动机不仅是因为愤怒和饥饿。在战争中，我们常见到一方往往把另一方妖魔化，将敌人描述成需要被消灭的怪物。约纳斯母亲被杀害不是因为人的生理本性，而是因为她是一名犹太人，纳粹把犹太人看做是世界的灾难。从这个角度讲，狼群是善良的，鸟类是可恶的，而人类是十分邪恶的。

*

我们该如何弄清楚宇宙中这些巨大的飞跃呢？我们该如何接受一路发展至今已达人性危险顶点的自由和价值呢？我们可以说这一切的发生是个“巧合”。生命的价值包含偶然因素，自由的冒险活动于宇宙而言毫无意义。就科学无法证明上帝的存在而言，谈论上帝毫无意义的说法已经过时。正如约纳斯所指出的，如果把能够被科学描述的事物界定为有意义，非科学的则暂且不论，这是一个恶性的循环推理。

我们同样可以自由诠释生物事实，即使诠释的驱力是来自生物本能，因为正如约纳斯所指出，生命“似乎”意义深远。约纳斯呼应着帕斯卡和康德的观点：“从宇宙的尺度来看，人类如同原子，在数量上无关紧要。但人类的心灵深度却让自己具有宇宙性的意义。”透过心灵之窗，我们可以找到生命的意义。我们可以不去相信自己所见之物，但思索窗外可能出现的事物，即便是阴暗的事物，似乎并不为过。

对约纳斯和我的学生凯西而言，正是邪恶的经历引起人们对原始生物学角度的生命去寻求宗教解释。约纳斯曾慷慨陈词：

> 我想起奥斯维辛集中营里被毒气毒死和被火烧死的孩子们，想起那些面目全非失去人形的幽灵们，想起我们这个时代数不清的受害者们，他们因人为灾难而受苦受难。他们的苦难将会很快被遗忘，他们的名字更会早早被忘记。他们没有机会了，已失去的也不会得到补偿……我拒绝这样的观点。我愿意相信：在人性荒芜和掠夺的高地上到处是哭泣声；一声呻吟回应了那越来越大的屈辱和愤怒的声音——弥天大错发生在现实和个体生命之中，因此人们肆意被迫害，不得不祈求上帝保佑。“你兄弟的血有声音从地里向我哀告”：难道我们不应该相信这已经提高的集体哭喊声威胁着我们当今世界，犹如一朵正谴责他人的乌云吗？难道我们不应该相信永恒的上帝皱着眉蔑视我们，他自己也受到伤害，深感焦虑吗？

奥斯维辛问题（奥斯维辛是不可承受的苦难的转喻象征）是所有信仰者的问题，对犹太人更是如此——不完全是因为犹太人是死亡集中营里受迫害的主要对象，也是因为犹太教认为犹太人是上帝的“特选子民”，是和耶和华有契约的。比如，基督徒们会说，上帝给予我们自由意志，所以世界基本由邪恶控制着；奥斯维辛事件只是其中一个发人深省的例子。而对虔信的犹太人来说，奥斯维辛事件无疑是他们被上帝抛弃的最沉痛的证明。犹太人被迫害不是因为他们坚持自己的信仰，也不是因为他们勇敢的诺言，而仅仅因为约纳斯说的“种族虚构”。男女老少，宗教徒，非宗教徒，圣徒和罪人以及普普通通的大众都遭到非人的对待，饱受煎熬乃至被毁灭，仅仅因为他们是犹太人。

汉斯·约纳斯既直面奥斯维辛问题，还思考分析生命本身的发展。在此过程中，他诉诸柏拉图所说的“可能的故事（likely story）”，也可以叫做神话。约纳斯说：“我愿意相信神话‘是真的’——从某种意义上讲，神话可能会勾画出真相的轮廓，真实的状况不得而知，也无法直接概念化，因此只能通过我们的深切体验，利用可以撤回的拟人形象，来进行间接描述。”当一些犹太人重新振作，重拾差点被纳粹毁灭的宗教信仰时，约纳斯则在奥斯维辛问题的引领下重新思考上帝的历史，想象一种新的犹太教供全民信仰。

约纳斯推测，上帝创造浩瀚宇宙时将所有的精力投入到生命的发展之中，因而变得十分虚弱。上帝的力量逐渐恢复：先是在植物身上出现的需求生命，然后是动物身上出现的欲望生命，最后是人类登场时出现的理性生命。上帝力量的最终归宿是美好。随着生命形式的升级，价值层次也就各不相同，每一阶段都有美好的事物：先是生命本身；然后是愉悦；最后是领悟到生命的美好。用圣经里的话来说，即上帝创造生命并宣告生命是美好的。用进化论的观点来说，即一切生物都努力生存。或者用约纳斯的哲学术语来说，生命就是生命本身。

但上帝力量十分脆弱，常常不能与伴随自由意志的邪恶相抗争。约纳斯推测，我们得帮助这虚弱受难的上帝，因为他的成功远远没有保障。在某种程度上，上帝的力量掌握在我们手中，我们应推进他的善行大业，尽管逆境看上去似乎无法克服。他为了阐明自己的观点，引用埃蒂·希莱苏姆日记里的话。埃蒂·希莱苏姆是一名年轻的荷兰犹太女性。1942 年犹太人在荷兰遭到驱逐时，她志愿前往威斯特伯克集中营，在医院帮忙，与族人同呼吸共命运。1943 年 9 月，她在当地被处决。她曾在日记里写道：

> 上帝啊，尽管我无法担保自己一直强健有力，但我要保存力气帮助您。对我而言，有一事变得越来越明晰：您无法拯救我们，我们必须救您并自救……唉，您对我们的处境和生命似乎无能为力。我也不会责怪您。您无法拯救我们，但我们必须拯救您，捍卫您在我们心中的地位直到永远。

*

有一天，我和凯西再次探讨恶的问题。她提出了一些想法，让我能够从全新的角度看待恶的问题，我们教学相长，互为师生。她质疑我们通常看待力量的角度是不是错了。我们常质疑为何上帝不阻止邪恶来显现自己的力量。凯西别出心裁的想法是，或许力量实际上就是爱。我们一向认为上帝爱人的本质属于全善的本质，但或许上帝爱人的本质属于全能的本质。作为一位曾有过神秘宗教体验的基督徒，凯西总感觉十字架上的耶稣代表着最深沉的爱，而大多数人可能倾向于将耶稣受难看作上帝最屈辱、最脆弱的时刻。凯西却认为，那才是上帝最有力量的时刻。

凯西的这种观点不仅指出了基督教的核心思想，也反映出道家的思维：天下之至柔，驰骋于天下之至坚。摔跤与柔道或国际象棋一样，选手常常为战胜对手必须退让。也许这就是宇宙运行法则。也许上帝必须全身心地受苦受难，以死来取得最大的胜利。正如老子在《道德经》中说的，“反者道之动”，还有

“曲则全。枉则直。洼则盈。敝则新。”

又如《登山宝训》中耶稣所言：

“虚心的人有福了，因为天国是他们的。
哀恸的人有福了，因为他们必得安慰。
温柔的人有福了，因为他们必承受地土。
饥渴慕义的人有福了，因为他们必得饱足。”

奥登的一首诗这样结尾，“尽管真相和爱看似不同，实则相差无几，若确有差别时，爱应是真相。”我认为以下两条行为准则是合乎人性的：真相和上帝看似不同时，跟随真相；真相和爱看似不

同时，跟随爱。但是，我们期望到最后这些表面上的差异都只是幻象。

*

极端的苦难通常可看作爱的力量的转移，大屠杀也一定是滥用自由意志（上帝赐予我们的礼物）的产物，但是全能的上帝和奥斯维辛之间仍然难以和解。尽管集中营里流淌出各种善，但远不能与不可否认的、无法抗拒的邪恶相提并论。为何上帝要拿人性去冒险呢？如果我们的邪恶能猖狂到如此地步，那么自由意志怎么能算是礼物呢？我们或许应该回头思考凯西最初的推测以及约纳斯关于虚弱上帝的概念。或者，我们应该回头去看《约伯记》。《约伯记》实际上讲述人类必须和上帝的力量与善良之间产生的矛盾共处，必须和上帝的不可预测性和他允诺给我们的生命意义之间的悖论共处。无论从哪个角度回答，我确定的是凯西将为此彻夜难眠。

当然，无神论者全都对上帝不抱希望。

最后讲一个困扰埃利·威赛尔一生的一件事，这件事对他后来的所有作品都产生着影响。威赛尔被囚禁在奥斯维辛集中营时，目睹三位孤独凄凉的学者组成了拉比法庭，他们指控并审判上帝任由这一切的邪恶在世间肆虐，包括上帝第六日造人所带来的风险。憔悴的律师们仔细地为双方拟定辩词。他们反复审议很长时间，最终判定上帝有罪。宣读判决后，法庭一片寂静。最终，一位研究《塔木德经》的老学者说“时间到了”。然后众人不约而同开始晚祷。

插曲——超级英雄和僵尸

哲学家的本质仍然是人。

——大卫·休谟

马丁·凯斯勒是位武术教练、占星师、催眠师、火把舞者、逃脱术表演者、特殊调查员、诺斯替派信徒、“天使拳击”发明人、诗人、笔名为奋锐西门的作家。“当然”，他会笑着说，“是一个叛逆的精灵。”他也可能是我教过的最有趣的学生。他就读一流的文学院却中途退学。有一段时间，驾驶破旧小车跑遍全美。之后，曾在一个小城市落脚，在那里的避难所工作，他自己虽然无家可归，却还帮助其他无家可归的人，并乐在其中。他分分合合的女友——一个可爱、自信、健康的女人——去参加爱荷华大学著名的作家工作坊时，马丁也决定在附近的社区学院选修哲学。

我们一见如故。马丁博览群书，对那些他感兴趣的东西很有见地。我们谈天说地，讨论古代异端存在的合理性、权力意志、道家思想、诗的格律——不管想到什么，我们畅所欲言。有时我占上风，有时他占上风。我们互相学习。

在爱荷华，马丁靠教孩子们体育谋生。我五岁的儿子加入他的新跑酷课程——运用特技动作以最有效率的方式从A点移动到B点——在这项运动风行之初，马丁就开始关注并参与了。训练第一天他挤进孩群中低声说，“你正在学习的课程称为基本跑酷，但实际上我要教你们成为超级英雄。”当然，受欢迎的他被邀请参加孩子第二年的生日聚会。在太阳刚刚落山的傍晚，马丁舞动火把，环绕身体画出一个个火圈，让孩子和他们紧张的父母看得瞠目结舌。孩子们睡后，他向我和妻子展示了猴拳和醉拳。

马丁相信，当我们摆脱镣铐和信仰的束缚时，我们会拥有神圣的力量。他对学生说起超级英雄时，并不是为了唬他们。他被尼采“超人”学说深深吸引。但马丁的灵感真正源于诺斯替主义，这是一个古老的有吸引力的信念体系，认为这个世界是由一个能力有限但非邪恶的造物主创造的；上帝超越宇宙；我们的本质是肉体掩盖下的神性火花。

虽然马丁接受古代艰深难懂的思想，但他对当代也同样重视。当他在课堂上发言时，班里的同学像他五岁的学生一样立即活跃起来，部分原因在于马丁会利用我们时代的神话来表达他对人性的看法。他认为我们的时代受僵尸影响，我们的使命是成为超级英雄。

*

什么是僵尸？依据词源，这个词可追溯到刚果语“nzambi”，也就是神的意思。在民众的想象中，僵尸是活死人。僵尸通常有一个欲望：僵尸总是想要制造更多的僵尸。马丁认为僵尸是人类生活投射出来的，人们被消费主义分散注意力、掏空甚至远程控制。奋锐西门写道：

你发现大多数生活问题可以用创意购物来解决吗？电视是你娱乐的主要形式吗？你发现一天中没有足够时间锻炼吗？你现在累吗？即使精力不足你相信一切都会结束吗？如果针对大多数或所有这些问题你回答“是”，那么你可能患了大家俗称的僵尸病。

他模仿尼采的讽刺口吻继续写道：

基本的说话能力不受影响，他们似乎在面对不同种类的外部刺激时，体验到较小程度的有限的认知活动，但一般来说，他们思想越来越少，即使有想法，内容也越来越贫乏。梦想被遗忘，激情褪色，创造性的冲动即使过去曾存在，现也已死亡。抽象事物如艺术、美丽、自由、尊严、正义或任何形式的哲学或精神猜想，随着疾病的进展将逐渐变得越来越无意义，因此，这将不会引起认知反应。

马丁认为这种疾病与物质主义、虚无主义有关。宗教限制了我们灵魂的渴望，给予我们舒适天堂的虚假愿景。现在，这些愿景不复存在，我们便如行尸走肉一般。有些人仍然信仰业已过时的宗教。有些人则拒绝宗教，支持使人麻木的物质主义，认为人不比动物高明多少，只是为了欲望生存。马丁认为，两种想法都有问题："文化被消费主义取代，教育被文凭取代，创作被工业取代。"

他认为僵尸病是一种传染病，志愿找出治疗疾病的方法。这位"医生"给出了以下建议："用你从事的艺术和你的自我觉醒去影响周围的朋友。创造奇迹。跳舞。做爱。快步走。当众接吻。攀登。游戏。扶危济困。活泼开朗。这样就能有效抵制僵尸病！"

*

什么是超级英雄？古代雅典人在帕特农神庙崇拜女神雅典娜。美国人也有超级英雄，如美国队长。超级英雄当然不是神，他们是人，通过科技获得神力。他们也许因为灾难，如伽玛炸弹爆炸使布鲁斯·班纳成为浩克，也许是因为设计，如仪器设备的操作使布鲁斯·韦恩变成蝙蝠侠。如果你要问为什么孩子和越来越多的成年人读漫画、看超级英雄电影，大多数人是为了逃避。超级英雄到底在对抗谁？他们必须负责任地使用权力以防止整个世界被毁灭。与他们相比，我们面对的则是比较世俗的问题，如核武器和全球变暖等。

诺斯替的想象力对我们时代而言很有吸引力。对于诺斯替教徒而言，我们真实的自我埋在肉体深处，就像蜘蛛侠隐藏在彼得·帕克笨重的衣服下或是奋锐西门潜伏在马丁的长外套下。实际上，人类的定义是与自然共处。但是我们的时代已把这种关系带到了新的高度，很多情况下离我们身体很远。我们的汽车、飞机、手机和屏幕让我们超出了脚、手、眼睛和耳朵的限制。随着这些奇迹不断塑造我们的心智，我们自身力量的边界也在扩大：肉体开始看起来粗糙和不听使唤。

我们的诺斯替想象力有一个悖论。像大多数二元论者一样，诺斯替主义虽然不重视身体却往往花费很多时间在身体上。一方面，也许虽然认为肉体不重要，却难以抵抗其魅力，另一方面，也许诺斯替派认为自己是身体的主人，只要我们还依附于这个肉体，就有义务照顾好他们。我们这个时代一个很有趣的现象是，成排的人一边骑动感单车一边看电视。这可能是人们所说的实用二元论，但马丁认为这是更高阶的僵尸化。

马丁体现了我们说的诺斯替悖论，他比一般的标准慢跑者练得更勤，几乎整天都在做运动、练武术，努力让自己的身体趋于完美，借此释放自己的精神力量。他一直计划建立理想的教育制度，有效规训身体和心灵，使投入其中的人能成为具有天使般心灵、具有骑士精神、“富有同情心、无惧于推动改变”的超级英雄。

*

当我思考亚当和夏娃为何只是轻率地吃了口苹果，便悲剧性地获得了神圣的知识时，经常想起曼哈顿计划的主持者，他在释放了原子弹的巨大威力后，发誓用余生控制他所释放的东西。“现在我成了世界的毁灭者，”罗伯特·奥本海默尔看到第一朵蘑菇云升起时想到了《摩诃婆罗多》。但事实是，我们早已播下善恶的种子，最早可以回溯到第一块燧石被敲打成刃片，然后刺进血肉之时。人类历史并不缺乏用来想象超级英雄的素材。公元前 442 年，索福克勒斯合唱队这样唱道：

世界之大，无奇不有，最奇怪的莫过于人类。
人类在冬天的风暴中横渡海洋，
咆哮着在海浪中前行。
她，最伟大的神，大地——
自远古长存至今，力量从未消退——
人类让她千疮百孔
年复一年，犁子来回锄地
骡子不断翻土。
聪明的人类，
捕捉美丽的禽鸟，
驯服野兽，

海中的鱼类也落入他的网。

他巧妙制服野外的动物、山中的走兽。

他抓住野马的鬃毛，

给强壮的公牛套上了轭。

语言、思想和情感

如风一般，

他建立了城镇，

造出了避难所，

抵御寒冷，遮风挡雨。

他自力更生。

面对未来他满怀希望。

与其说合唱是要鼓励我们更像神，不如说突出了两个关键的但难以调和的力量，天与地。这两种力量我们都应该臣服：“当他尊崇大地的律法与神的宣誓权利，他的城市也获得了荣耀。”

有人说，人类是有神性的，这种说法或多或少捕捉到一点人性本质，不过顶多占到四分之一的比重。是的，技术给了我们超级英雄的力量；是的，僵尸病是我们时代的疾病。但是马丁的说法过于夸张了。我们既不是僵尸也不是超级英雄。另外，我们还有四分之三的“动物”本质，目标只是为了生存。是的，我们是具有进化史的动物，我们的身体存在着动物本能；是的，我们可以看到脊椎动物中带有最初级的人类特质。但马丁有个说法是正确的，我们不仅仅是在原始森林里游荡觅食的食肉动物而已。

我们都是人类，我们具有人性。我们也存在明显的缺陷，不只是进化史和身体上的缺陷，还包括我们对最终真理的无知。我们有开天辟地的能力，若不将这些能力导入精神和心灵的正轨，那么人类的生活将仅剩下邪恶或颓废。哲学是诚实面对人性，是带着人性的卓越与无知过良善的人生，是认真铭记刻在阿波罗神庙上的那句话：了解你自己。

为了发扬人性，我们需要马丁的超越能量，尤其是我们身体处于正在僵尸化的消费文化里，更需要这类能量。我特别喜欢他的建议，走路的时候偶尔跳几步，三不五时去攀岩。此外，我们应该建立真实权力的概念，但我们采取的不是超级英雄的扩张，而是虔诚地认识人类的处境。“反者道之动。”老子如是说。起起伏伏，相对而生。或者，我们跌倒，才知道如何爬起。电影《黑客帝国》基本上反映了我对诺斯替想象的质疑。我们顶多能在想象的世界——而非真实的人生里，将超级英雄和僵尸、神和野兽、善与恶融合成一个可信的人类整体。

我要感谢前人留下的经典著作里保留了这类人性形象，特别是柏拉图的对话录所记录的苏格拉底，就是一个把人性的能量睿智而充分地彰显出来的人。我并不为我们这个时代的贫乏感到绝望，至少不是太绝望。我们的社会可能正在僵化，但是僵尸很少。此外，我很幸运遇到了老师、学生和像马丁这样的朋友，他们都完成了人性文化的核心任务。他们的生活值得活。苏格拉底在监狱时，同伴们为即将失去他们聪明的朋友而感到绝望，苏格拉底说：“你们必须结伴而行，并在同伴中寻找那个睿智的人，其实也许你们会发现在自己身上更容易找到他。”

结论：
世上最美丽的事物

苏格拉底说："如果我知道善的事物，我会将此事告诉我的朋友，我还会把我认识的有德之人介绍给朋友。我会与我的朋友一起研读智者留给我们的珍贵作品。如果我们读到好的内容，我们会摘录引用，如果我们能证明对彼此有用的话，它便发挥了价值。"听后，我相信苏格拉底已获得真正的幸福。

——色诺芬

在《巫师及其巫术》一文中，人类学家克劳德·列维·斯特劳斯提到19世纪有个名叫奎斯莱德的美洲印第安人，他是夸扣特尔人。奎斯莱德认为，部落里的萨满使用的巫术其实都是一些骗人的把戏。奎斯莱德打着学习的旗号，进入萨满学校，后来却揭露学校的教学内容。他在学校里确实学到各种见不得光的把戏，例如雇人收集对方的资料，然后在治疗仪式上如数家珍地说出病人的情况，或者在嘴里隐藏一只血虫，仪式中吐出来，让病人以为病虫已经清除。

奎斯莱德还没完成训练，就有病人找到他，因为这个病人梦见了他。他束手无策，只能使用“血虫”伎俩。竟然见效啦！病人差不多立刻好转。奎斯莱德起初很困惑，随后想到，病人之所以会恢复是因为他由衷相信梦里发生的事。

他继续研究，有一次他参加了邻近科斯基摩族的治疗仪式。对方的萨满用的方法没那么有戏剧性，他们只是往地上吐口水，声称吐出来的就是病毒。这种方法对那个生病的女人没有奏效。奎斯莱德要求参加治疗，他用了血虫法。女人痊愈了。

奎斯莱德彻底混乱了。如果萨满教只是骗人的，那么，为什么会奏效呢？更奇怪的是，如果都是骗人，为什么某种做法比其他做法更有效？如果一种安慰剂比另一种有效，那么它还是安慰剂吗？更糟糕的是，他遭到科斯基摩族萨满的质疑：他是如何从病人身上提取血淋淋的东西呢？“血虫”与疾病到底有什么关系？后来，他甚至接到对方萨满下的战书，要求和他对决，看谁能治好某个病人。结果奎斯莱德再次获胜。

虽然，奎斯莱德“得知许多秘密”，而且证实了他原先的各种怀疑，但他却开始相信存在真实的巫术，也相信萨满教是可信的。他在自传中写道，“我曾看到一名萨满在病人身上施法，我无法知晓他是真巫师还是假扮的。后来单凭一件事使我相信他是萨满，被他治好的病人想付钱给他，却被他拒绝了。我真的从来没有见过他笑。”

*

奎斯莱德的故事体现了我一直以来试图对科学下的定义。他的故事从好奇开始，哲学家因此踏上探索真理之路，去寻找哲学与现实之间更令人满意的关系。然而，哲学家最初的假设很少能得到证实。是的，奎斯莱德是对的，萨满使用了病人不知情的伎俩。哲学怀疑与毁灭性的一面占了上风。然而，这并非故事的全貌。在奎斯莱德的例子中，他发现某些“把戏”确实对人的身心产生作用。因此，在寻求真理过程中，他必须接受这个尴尬的现实并纳入考量。哲学的关键时刻常常在于面对神秘事物时，你需要与怀疑的恶魔搏斗，最终才能得到真实的信念。哲学的最终时刻是面对神秘事物被破解后的世界。正如康德所说，“怀疑主义是人类理性的休息之地……而非永久住所。”如同斯特劳斯在《巫师及其巫术》一书中的精彩分析，我们也可以试着解开萨满教如何运作。但是，奎斯莱德跟所有真正的哲学家一样，终其一生都必须不断探索。他必须找到一种方法，让自己在现实中安全度过乱流和偶尔出现的风暴。

奎斯莱德的故事不仅充分阐释了我的哲学论点，也有助于纠正对教学的普遍误解。我们通常认为，教师拥有一些特殊知识——或，更糟的是，一些“利于学习”的特殊方法，然而这种想法其实没有什么说服力。学生缺乏知识或必要的学习环境，教师有义务满足学生的需要。这种说法有一定的道理。但是，这种一般的教育观念无法说明教师和学生最在意的时刻：领悟与心灵契合的时刻、彼此启发的时刻、自由的时刻、心智汹涌的时刻、教育的疗愈过程，这些都可以合理地称之为萨满教的特色。

关于教学，有句极具破坏性但又不无道理的话——事情做不好的人，就去教书。一个好老师总是缺乏某种特质，也许是缺乏某种能力或知识，有时连老师也不知道自己缺少些什么，但这些缺点却可以通过与学生交流获得补足。这些缺点并未削弱老师的权威，反而是老师权威的源泉。最好的例子是苏格拉底，他认识到自己的无知，这不仅让《对话录》更具说服力，也让整部西方思想史受到他的精神感召。他是一个成功的思想助产士，不厌其烦地寻找他未知的真理。奎斯莱德的故事也印证了同样的观点。他之所以能够成为极具吸引力的人物，成为部落民众梦境里的对象，部分原因在于他有着追求探索的精神以及不动声色寻找真理的拼劲。他的怀疑精神正是他能够成为杰出萨满的关键。

另一种了解教育内在过程的方法，是从送礼物的视角来观察教育。马塞尔·莫斯认为在礼物流转过程中，我们会感觉到的三种义务是：给予的义务，接受的义务和回报的义务。即使礼物是一种交换，但送礼物的态度并不是完全以自我为中心。此外，送礼物的动态关系不会在对方回礼后就结束。事实上，礼物有无穷尽的潜在关系，与我们平日的经济交换不同。常规的经济交流是银钱两讫，动态关系就结束了。

馈赠礼物的逻辑可以用来描述真正的教育经济。我幸运遇到的好老师，给了我教育。当然学校要生存，必须要有金钱往来，并且提供空间供教学之用。身为老师，我希望自己可以免费教学，只针对成绩测评和参与教务会议收取酬劳。金钱提供了教育的可能性，但通常只有最可悲的教师才需要用钱来激发他们的工作热情。我从老师那里得到教育之后，产生了回报的义务——不是成为我老师的老师，虽然接受教育的人常常会有报答老师的想法，但这里说的回报指的是提供教育给我的学生。这就是“传统”这个词的含义，礼物通过时间，无限地传递下去。我们用来表示“现在（now）”的词汇，刚好就是“礼物（present）”。教导的义务部分源于知识的过剩。但是，正如我所建议的，教育远不止于此。至少就哲学来看，教育也与缺乏智慧有关。正如克尔凯郭尔所说：“学生让老师有了解自己的机会，正如老师让学生有了解自己的机会。”

*

我相信，正如本书前文所述，“最深刻的人生无处不在，恒久如常。”但我当然不是说每个人都过着一种令人敬佩的生活。我担任老师的这段时间——就这方面来说，我的时间几乎全花在每个人身上——是我深信我们并未完全摆脱所有的困惑。有一个传说（我从来没有在任何文本中读到过）提到，中世纪神学家曾经争论有多少天使可以在针上跳舞。即使这个传说从未在历史上出现过，它仍反映了许多中世纪神学的特点：即当时许多哲学家的激烈辩论完全建立在似是而非的信仰上，双方的意见在今天看来简直荒谬至极。

然后，我们的见解是否足够好，可以让未来的人回顾今日时，不会跟我们回顾中世纪一样感到荒诞可笑？克伦威尔说："我体会基督的慈悲，恳求你们，想想你们可能犯了错。"我信从苏格拉底的智慧，恳求你们，想想你们可能犯了错。我们当中有许多人仍在争论有多少天使在针尖上跳舞。毫无疑问，我们今天的一些假设已经朝着正确的方向迈出一步，特别是与中世纪世界观相比时。但我冒昧地说，中世纪神学的古怪教义中，至少有一两项要比今日的一些诡异的信仰好上许多。

尽管我们感到困惑，我仍然坚持这个想法——我自豪地承认，我这么想有点小天真，而且有点惠特曼的调调——最深刻的人生毋需深求，它无处不在，俯首皆是。首先，我认为，除了少数例外，人类的心灵深度已经被柏拉图、莎士比亚及其他思想家探索得一清二楚。每个人的生命都反映出一部分重要元素，足以说明我们是谁。就连深刻的困惑也是一种深刻的困惑。此外，我相信只要是我们感受到的神圣，都能在护理系学生与闻名遐迩的大人物，在本地脊椎治疗师和世界知名的形而上学哲学家，在你和我，以及在苏格拉底和孔子身上找到。我的学生茱莉亚和康德，或我的学生凯西和汉斯·约纳斯，或你和任何一个知名或默默无闻的人之间的区别，与我们有没有能力清楚地陈述哲学体系有关，而与我们的内在无关。有一个故事讲到，一群寻找智慧之珠的旅行者去见古代圣人赫拉克利特。当他们进入他的住所时，发现他正坐在火堆旁边烘屁股取暖。眼前这个凡夫俗子真的是伟大的哲学家吗？赫拉克利特只是笑着说：“来吧，众神也在这儿烤火呢。”

*

追求智慧必须面对自己的无知，这方面最著名的例子就是苏格拉底那句“我知道我一无所知”。但是哲学，正如柏拉图所示，不止于此。在我们不屈不挠追求智慧而不得时，哲学为我们提供了生存之道，仿佛我们已经找到难解谜团的答案。哲学是我们面对现实中奇奇怪怪的困境下产生的人性反应。哲学是最好的生活方式。智者与愚者的区别，不是知道所有答案和有难解的困惑之间的区别。真正的区别在寻常的愚笨和开明的愚笨之间，所谓开明的愚笨指了解自己是愚笨的，并且在不可能的关系中努力过上幸福生活的方法。这样看起来，哲学，很像婚姻。

语言是有局限的，人类也受到时间维度的局限，因而，我很难回答学生提出的诸如“你相信什么”这样的问题，但如果他问“土星有多少卫星”这样的问题，似乎可以轻松作答。据说佛陀抓了一把红叶，问弟子阿难，这些叶子是不是所有的红叶？阿难回答说：“现在是秋天，到处都是红叶。”佛陀随后说法：“我已经告诉你一些真理，但除此之外，还有数千真理。”非找到正确答案不可，这种执着的想法或许才是最糟糕的。苏格拉底的“我知道我一无所知”和佛陀周围落下的数千红叶，这些都蕴含着美好的意义。基督教传统一直寻求完美教义作为核心使命，基督教传统也确实给予我们哲学传统最深刻的内容。尽管如此，重要的神学家阿奎那却说，当他心里感知到上帝之后，发现自己留下的数千页作品不过是毫无价值的稻草。

但是，正如苏格拉底和其他伟大的哲学家所教导的，我们不能毫无信仰地活着。信仰是人之所以为人的必要元素。有人认为所有的宗教都是平等的，不同宗教只是通往同一座山的不同路径。反对者则认为，只有通过正确的宗教才能获得灵魂救赎。这两种看法其实都只说出一部分真理。吉尔伯特·基思·切斯特顿以他特有的魅力说道：

> 当他在怀疑论的驱使下放弃一个又一个教义，当他拒绝将自己纳入一个体系，当他说的定义大而无当，当他说不相信终极性，当他想象自己如同上帝般坐着，不主张任何教条，只是沉思一切，那么在经历这样的过程之后，他将慢慢退化成茫然无措、四处游荡的动物与无意识的草木。树木没有教条。萝卜胸怀尤其宽大。

显然，宗教就像政治政权一样各不相同，而且从各方面来看也不尽平等。不想成为萝卜，就应该主张自己的立场。然而，好的信仰就像音乐主题，能组织出复杂的交响乐。我相信智慧必能与任何传统、宗教或其他事物相容。因为智慧不是拥有正确的信念（不过智慧要躲避最糟糕的信念），而是想办法连接我们的信仰，使我们内心良善的部分获得释放。智慧不是教条，它是一种风格。

*

威廉·詹姆斯，这位作家和思想家，一直是我心目中的英雄，他在文章《什么是生命的意义》中描写了自己的一段旅程。第一站前往纽约州肖托夸湖边上的一个集会地。他本计划待一天，却停留了一个星期，因为这个地方简直是文明的宝石：一个拥有七千名居民的城镇，坐落的地点风光旖旎，拥有“一流的大学”，一个华丽的露天礼堂与七百人的合唱团，运动风气兴盛，没有犯罪，没有贫穷，没有警察，每天有杰出思想家到此讲课，以及“不断涌出苏打水的喷泉”。

奇怪的是，离开时詹姆斯发现自己如释重负：“哦，终于解脱了！接下来我要去过原始和野蛮的生活！”他突然蔑视这个社区，因为它“太精致优雅了，面对人性野蛮的兽性，它顶多只能提供冰淇淋和汽水。”这反映出世界之所以能生气蓬勃，是因为有危险和勇气、汗水和斗争、黑暗甚至死亡。或许浪漫主义者真的看穿了事物的本质：我们的文明被幸福的平庸破坏了。他陷入了哲学的忧郁。

接着，在去水牛城的火车上，詹姆斯暗中观察一个在摩天大楼顶上工作的建筑工人。他突然灵光一闪，发掘自己以往看世界的方式完全是虚假的，他一直以天堂和荒野的对比来思索问题，与在脚手架顶端工作的工人相比，他的思想可以说是琐碎而毫无内容。詹姆斯从日常人群里——按日计酬的工人、越南农妇、倒汽水的人、甚至包括教授——看见了真实而非空想的英雄主义。

当天，我停止了旅程，暂时歇息，我有了一种茅塞顿开的感觉，说是对人生产生了宗教性的启悟也不为过。在上帝的眼中，不同人所表现的社会地位、智力、文化、卫生与服装的差异，以及不同人引以为傲的自身特点与独特之处，想必极其微小，实际上也许小的让人无从辨识；我们存在于这个世界上，这才是永恒不变的普遍事实，我们就像难以计数的生命之舟，每一艘船都有各自的难题，我们必须各自奋斗，努力展现坚韧与善良。勇气、耐心和仁慈都是通过考验的重要元素；地位的差异只是人生百态的一种样貌，唯有埋藏在表象下的美德才能决定人生的去向。就这点来看，最深刻的人生毋需深求，它就存在于每个地方，俯首皆是，恒久如常。

致谢

即使一个不相信任何东西的男人也需要一个相信他的好女人。

——罗森斯托克·胡絮

虽然，我不是什么都不信，然而，我却很幸运在整个写作过程中获得海伦·诺伊曼的支持。尽管有很多不确定的因素，但她始终相信我。

当然，要是没有我朋友斯科特·纽斯托克的慷慨、洞察力与鼓励，这些由木材做成的纸张，恐怕就要无声地落在黑暗森林里了。对此，我非常感谢他。

我一定要感谢编辑，真心感谢我的编辑伊丽莎白·布兰奇·戴森。她那么优秀，反复修改手稿，力求完美。

我也极为感谢哲学早餐俱乐部的成员——戴维·迪普、吉姆·斯洛格莫顿、鲍勃·塞申斯和戴维·布温克尔，感谢他们在享用香肠、煎蛋还有咖啡之际，还不忘给予我赞美和批评。哦，如果是鲍勃的话，他还吃了麦片。倘若本书还有任何错误，完全由我本人负责。

我感谢迈克尔·加杰和埃米利亚诺·巴蒂斯塔，感谢他们从早至晚的陪伴；与他们交谈，不时小酌几杯，便使我灵感无限。我也感谢莎拉·凯尔，感谢她给我的启发。

我告诉父母要攻读哲学时，他们眼睛都没眨一下，根本没理我。我不得不问他们："你们到底在想什么？"

我希望，这些文字本身可以作为对我学生的感谢，感谢他们与我一起度过非常快乐而充实的时光。我希望，我可以囊括更多关于他们的故事。顺便说一句，虽然我讲的故事中有些使用了学生的真实姓名，但因种种原因，我不得不对其他几位的身份做了处理。

请给我一点时间，允许我感谢我的老师们。迈克尔·奥克肖特曾描述过什么是真正的教育，我认为这句话也可用来形容我的老师，他们给予我"严谨而有条理的路径"，使我获得"智力、想象、道德和情感的传承"。

在格林奈尔学院的第一节课上，玛丽·琳恩·布罗教授接到学校通知，给我们介绍一些关于校园的信息。她大步走上讲台，牵着两只爱尔兰猎犬，迪尔德丽和莫德，她谈到了关于斯莱戈处日落的颜色，杜娜·巴恩斯对海明威说的话以及她多么喜爱诗人肯明斯不加掩饰地书写死亡、爱情和春天。

艾伦·史瑞夫特教授，我的第一位哲学导师，一位留着卡尔·马克思式胡子的尼采哲学研究者。他像个精力旺盛的辩护律师，捍卫每个他讲授的哲学家。看到留着马克思大胡子的尼采为柏拉图辩护，实在令人印象深刻。

我记得，在乔哈娜·米翰教授的道德理论课上，她讲授康德时引用亚历山大·蒲柏的话，虽然不是震撼人心的话语，但就在那一刻，生平第一次，“文明”这个词，对我来说有了真正的意义。

艾伦·密斯教授与我一起读完了詹姆斯·乔伊斯的《芬尼根守灵夜》，只因我的请求。无论是谁，只要读一读这本628页的书中的一个句子，便将立即了解她对教育抱有多大的热忱。

我去了埃默里大学研究生院，部分原因在于，简·弗朗索瓦·利奥塔在这个学校，他是当代法国哲学的风云人物。他非常专业且十分绅士，有时每周只给我们布置两页梅洛·庞蒂，然后我们在研讨室逐字研读。然而，真正让我在哲学上受益的是四位较不知名的哲学家：鲁道夫·马科利尔，康德的守护天使之一；安·哈特尔，当时她刚完成一本关于蒙田的书，书的副标题为“偶然的哲学家”；唐纳德·利文斯顿，他有关哲学和日常生活的讲义，可在《哲学忧郁与谵妄》中找到，这些讲义令我久久难以忘怀；最重要的是，唐纳德·菲利普·弗雷恩，他提出了四大作者，他认为每个人都应该阅读他们的著作：维柯、黑格尔、卡西尔和乔伊斯。

弗雷恩得知我读完《芬尼根守灵夜》，便把我叫到办公室——这是我们第一次见面——他给我倒了一杯雪利酒。我害怕与这位杰出学者谈论这本难以理解的书，便立即坦言，“弗雷恩博士，我不能说，我已经读过了这本书。恐怕，我唯一可以吹嘘的是，我只是眼睛扫过了每一个字。我不能流利地用乔伊斯的风格来表达。”我喝得太快，他又给我续了一杯酒。他告诉我，阅读《芬尼根守灵夜》，只有一种方式，那就是用他的方式。许多年前，他去了佛罗伦萨，写《维柯的想象力科学》这本书。他每天早上写稿。丰盛的午餐后，沐浴着意大利的阳光，读一两页《芬尼根守灵夜》，然后打一个盹儿。在半梦半醒之间，他突然了解这本书在说什么。他说，如果要重读《芬尼根守灵夜》的话，我需要再去一趟佛罗伦萨。

我们发现，除了乔伊斯之外，我们还有很多共同点。我们都来自中西部小镇（他来自伊利诺伊州的盖尔斯堡），都喜欢做饭（他是个很棒的意大利厨师），都喜欢蓝调，都喜欢诗歌。虽然弗雷恩是我的指导老师，但是我们几乎从来没有直接谈论过哲学。我们一起讨论橄榄和埃兹拉·庞德，小镇马戏团以及胖妈妈桑顿。我研读完维柯、乔伊斯和黑格尔的学说，这样的话，我们便可以讨论各种各样的意大利熏火腿，并且来上几杯他自制的柠檬酒。吸了几口多米尼加雪茄，弗雷恩俏皮地说：“想要造出世上最美丽事物的上帝，造出了教授。不甘示弱的恶魔，创造了教授的同事。”我曾鼓起勇气问他，诗歌和哲学，哪一个能真实地表达人性。他直视我的眼睛，说道：“他们在鲜花广场烧死哲学家布鲁诺，甚至在行刑时刻都担心他的雄辩，因此，他们在他的舌头上钉下一个铁钉。当初的行刑地，现在成了一家可爱的咖啡馆。”

最后，我想把这本书放在我两个孩子艾琳·罗斯和威廉·詹姆斯手中。这是爸爸写的。